HUMAN LANGUAGE

MACHINE LANGUAGE

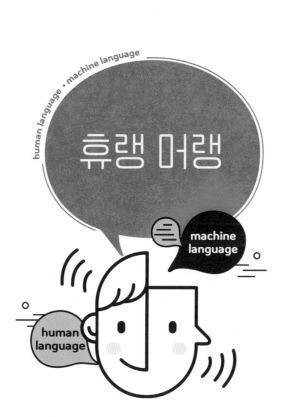

해석은 정확한데 행간을 읽는 식이 달라 모국어로도 소통이 쉽지 않은 요즘, 거기에 난무하는 온갖 줄임말들과 신조어들에 혀를 차며 개탄하는 어느 고루한 언어학자의 모습이 아니다. 오히려 저자는 이미 우리 생활에 깊숙하게 스며든 이 새로운 언어를 결코 무겁지 않게 조곤조곤 설명해 주며 그 속에 숨은 현대적 해학을 이해하게 도와준다. 저자의 친절하고 명쾌한 설명을 통해, 바로 오늘 아침에도 어디선가 들었던 그 표현들과 내가 이젠 친구가 된다. 따라 읽다 보면 어느새 고개를 끄덕이며 미소 짓고 있는 나 자신을 발견하게 되고, 어느새 나도 그 표현들을 자연스럽게 쓰게 된다. 무슨 뜻인지, 이게 맞는 말인지, 어디 물어볼 데도 없던 차에 우리의 갈증을 풀어줄 바로 그 책이다.

이보영 영어교육가, <이보영의 말문영어><EBS FM Radio Start English> 저자

'말러' 30여 년에 말과 글, 언어학의 고갱이에 눈뜨게 해준 책을 만났다. 이 책의 저자는 '언어와 인공지능', '디지털 시대의 언어와 문화'를 강의하는 언어학자답게 고려가 Gorea가 아닌 Korea가 된 까닭을 설명하고, 한국이 원산지인 '언택트'가 영어권이라면 '넌택트'가 되었을 것이라고 명쾌하게 풀어준다. 세종대왕의 훈민정음에 기대어 '언어란 무엇인가'를 설명하는 등 웅숭깊은 내용을 발랄하게 풀어주는 저자의 내공이 놀랍다.

'언어의 변화는 파괴가 아니라 새로운 질서를 창조하고 있을 뿐이다', '언어는 정치다', '한글은 한국어가 아니다'라고 주장하는 저자의 이야기를 읽으며 내내 주억거렸다. 구구절절 공감했기 때문이다. 말과 글의 역사를 바탕으로 언어의 앞날을 예견하는 저자와 더불어 나도 오래 살기를 바란다. 그의 예언이 맞는지 진짜 궁금하기 때문이다.

강재형 문화방송 아나운서 국장, MBC <우리말 나들이> 기획자

그런 책이 있다. 읽으면서는 키득키득 거리며 재미나게 읽는데, 한참을 읽다가 보면 왠지 힘이 나는 글귀…. 최혜원 교수님의 이번 책이 나에게 딱 그렇게 다가왔다. 나 역시 언어학자로서 학생들에게 어떻게 하면 언어학 이론을 흥미롭게 전달할 수 있을까 많이 고민해 왔다. 당분간은 언어학에 발을 디딘 초심자에게 이 책을 추천해 줄 생각이다. 진짜 내공은 어려운 내용을 쉽게 풀이할 수 있는 능력이라는 사실을 다시 확인한다.

송상헌 고려대학교 언어학과 교수

머리말

나는 말을 늦게 시작했다고 한다.

어머니의 전언에 의하면 거의 세 살이 될 때까지 말을 잘 안 해서 내심 걱정하셨단다. 집에 친지분들이 놀러 오시면 나에게 말을 좀 시켜보려고 온 갖 먹을 것과 장난감으로 유혹하셨는데, 이러한 노력에도 굴하지 않고 한 쪽 구석에 앉아서 손님이 가실 때까지 노려보기만 했다고 한다. 그런 내가 '말'을 직업으로 삼고 있으니 인생은 참 요지경이다.

나는 언어학자다. 언어학으로 박사학위를 받고 20년 넘게 여러 언어 현상에 대해 연구하고 강의하고 있으니 당당히 언어 전문가라고 말할 수 있을 것이다. 그럼에도 불구하고 나는 다른 사람들에게 내 전공 분야에 대해 얘기하는 것을 그리 달가워하지 않는다. 왜냐하면 흔히 다음과 같은 상황이 벌어지기 때문이다.

　　남 : 무슨 공부 하셨어요?

　　나 : 언어학이요.

남 : 어머 외국어 많이 하시겠네요. 몇 개 언어 할 줄 하세요?

나 : ….

내가 그나마 웬만큼 할 줄 아는 외국어는 영어뿐이니 이런 질문을 받을 때마다 한없이 작아지는 기분이다. 고등학교 때 제2외국어로 독일어를 배웠고 몇 년 전에 중국어를 배우긴 했으나, 외국어를 할 줄 안다고 내세우기에는 초라하기 짝이 없다.

"영어? 대한민국 국민 대부분이 초등학교 3학년부터 중·고등학교를 거치며 최소 10년을 배우는 그 외국어? 요즘 같은 시대에 영어가 '외국어' 축에 끼긴 하나? 언어학자라고 다를 것도 없네"라고 말하는 듯한 표정이 돌아오면 내 존재의 이유에 대해 이유 없이 주눅이 들곤 한다. 심지어 언어와 전혀 관계없는 전공을 한 내 남편도 나보다 할 줄 아는 외국어가 많으니 직업에 '언어'가 붙는 나는 그동안 뭘 했나 하는 자괴감도 든다.

물론 언어학자라고 다 나 같지는 않다. 상당히 많은 언어를 할 줄 아는 언어학자도 많다. 유학 시절 수업을 들었던 폴 키파르스키Paul Kiparksy 교수는 전해 내려오는 전설에 따르면 못하는 말이 없다고 한다. 혹시 〈늑대와 춤을Dances With Wolves〉이라는 영화를 기억하는지. 이분이 그 영화의 인디언 언어를 감수했다는 핀란드 출신의 유명한 언어학자시다.

우리말도 늦게 배우고 외국어도 몇 개 못하는 내가 어떻게 언어학자가 되었을까? 지금 돌이켜보면, 초등학교 졸업 선물로 받은, 지금은 온라인 사전에 밀려 지나간 유물이 된, 그 향수를 부르는 파란색 비닐 표지의 '영어 사전'이 시작이었던 것 같다. 단어를 외울 때마다 그 페이지를 찢어서 삼켜야 한다나 어쩐다나 하는 황당한 말과 함께 받았던 그 물건. 종이를 씹어먹을 생각은 추호도 없었지만 그 사전을 보는 것은 꽤 좋아했는데, 특히 뒷부분을 즐겨 읽었던 것 같다. z로 시작하는 단어가 다 나열된 후에 맨 뒤쪽에 그려져 있던 사람의 입모양과 혀의 위치를 보여주는 단면도들, 그 그림들을 본 때가 내가 입과 혀를 사용하여 말소리를 내고 있다는 사실을 비로소 처음으로 자각했던 때였던 것 같다. 그리고 이어진 문장 구조에 대한 설명들. 1형식이니 5형식이니 하는, 지금은 사용하지 않는 그 생경한 용어들이 나에게 엄청난 깨달음을 가져다주었다. 너무나 익숙하고 자연스러워서 그 이전 12년 동안에는 한 번도 의식하지 못했던 사실, 즉 내가 전하고 싶은 내용을 여러 종류의 문장으로 구성해서 입으로 뱉어내고 있다는 사실, 즉 내가 언어를 사용하고 있다는 사실을 최초로 깨닫게 해준 나름 꽤 충격적인 사건이었다. 낯선 언어를 접함으로써 내게 익숙한 언어를 다시 낯설게 보게 된 귀한 '유레카'의 순간이었다. 이 사전 덕분에 그 후로 친구들이 말할 때마다 내 머릿속에는 혀 모양이 자동 지원되고, 문장 형식이 말풍선처럼 떠오르는 이상한 버릇이 생겼는데, 이것이 아마도 나의 첫 음성학과 구문론 분석 연습 시간이었나 보다.

그렇다. 언어학자는 이런 일을 한다. 언어를 소리와 구조와 의미로 쪼개서 분석한다. 중학교 때 생긴 이 고약한 버릇은 지금까지도 이어져 사람들의 말이 그냥 곱게 지나쳐지지 않는다. 더군다나 요즘은 세상 돌아가는 속도가 빨라져서인지 언어도 덩달아 빨리 변하고 있어, 내 귀를 쫑긋 자극하는 말이 한두 가지가 아니다. 특히 말보다는 문자, 대면 대화보다는 SNS 포스팅을 선호하는 MZ 세대가 주도하는 언어의 변화는 그 종류와 속도가 상상을 초월하여, 거의 날마다 새로운 표현을 접하게 되는 기분이다. 우리말의 생성력이 지극히 왕성한 시기임을 온몸으로 체험하고 있다고나 할까. 낯설어서 불편하기도 하고, 낯설어서 재미있기도 하다.

언어가 변하고 있다. 언어는 오직 인간만이, 인간이기에 구사할 수 있는 능력이다. 인간 사이에 정확하고 효율적인 의사소통을 위해 사용하는 수단이 언어다. 그러나 만일 언어가 소통만을 위한 수단이라면 변화는 별로 달가운 일이 아니다. 소통을 방해할 수 있기 때문이다. 신세대의 언어를 '쉰'세대가 못 알아듣는다면 소통이 잘 될 리가 없지 않은가. 그러나 언어의 기능은 소통만이 아니다. 언어는 표현의 수단이기도 하다. 한 개인뿐만 아니라, 한 집단, 세대, 지역, 민족, 국가의 생각과 정서와 정체성을 담아내는 그릇이다. 그러므로 각각의 주체를 독특하게 표현하는 수단으로써 다름을 추구하는 변화가 일어나는 것이 지극히 자연스러운 일이다. 대략 15만 년 전 우리 인류 호모 사피엔스가 언어를 사용한 이래로 변화가 일어나지 않은 시기도 없었고 변화가 일어나지 않은 언어도 없었다. 언어란 것이 엄격하게 규정되어 절대 벗어나서는 안되는 경직된 규범의 집합체가 아니기 때문이다. 커다란 원리의 테두리 안에서 유연하게 작동하며 인간을 인간답게 해주는, 인간을 위한 인간에 의한 인간의 도구가 바로 언어다.

놀라운 점은 이러한 변화가 규칙을 무시하고 기존의 언어 질서를 파괴하고 있다는 일반의 오해와는 달리, 실상은 나름의 동기에 의해 원리와 원칙 안에서 질서정연하게 작동하고 있다는 사실이다. 질서를 파괴하는 것이 아니라 단지 새로운 질서를 창조하고 있을 뿐이다. 그리고 그 새로운 질서를 지배하는 작동 원리도 알고 보면 전혀 새로운 것이 아니다. 또 우리한테만 적용되는 것도 아니다. 우리말이나 영어나 기타 여느 언어나 다 마찬가지다. 달라 봐야 다 인간의 혀와 입과 머리와 마음에서 만들어지는 산물이라서 그렇다. 어느 언어라고 더 잘나지도 않고 더 못나지도 않다. 그래서 더 좋다.

겉으로 드러난 어지러운 모습 뒤에 가려져 있는 언어의 본질을 꺼내어 소개하고 싶었던 것이 이 책을 쓰게 된 동기다. 언어학 전문서적에 나오는 어려운 용어와 딱딱한 예시 없이, 지금 이 시대 바로 이곳에서 가장 생성력이 왕성한 세대가 사용하고 있는 살아있는 말들을 예로 들어 설명하고자 노력했다. 각 편은 이전 글을 읽지 않아도 이해할 수 있도록 독립적인 글로 쓰였지만, 대상 언어 현상에 따라 언어의 구성 요소인 문법과 문자, 말소리, 어휘로 나누어 묶어서 구성하였다. 그리고 시작하기 전에 우리 인간이 쓰는 언어와 인공지능으로 대표되는 컴퓨터 언어와의 차이를 먼저 살펴봄으로써 인간 언어의 고유한 특성에 대해 한번 생각해 보는 기회를 갖고자 했다.

2년 전 어느 날 영화 〈기생충〉을 보고 '짜파구리'에서 영감을 받아 몇 자 쓴 것이 시작이 되었는데, 그 이후 시간 날 때마다 짬짬이 쓰다 보니 짧지 않은 시간이 걸렸다. 이 책으로 인해 우리가 매일 사용하지만 크게 의식하지 못했던 언어의 신비로운 세계에 관심이 생기셨다면 그보다 더 큰 보람이 없겠다.

끝으로, 이 책이 나오기까지 도움을 주신 여러분께 감사드린다. 우선 이 책에 쓰인 자료의 수집에 도움을 준 고은희와 남유정의 수고에 감사를 표하고 싶다. 또한 기획 단계에서부터 깊은 관심을 가지고 책이 나오는 전 과정을 세심하게 살펴주신 '의미와 재미' 출판사의 박선영 대표께도 심심한 감사를 드린다. 이 책도 의미와 재미가 있으면 좋겠다는 희망을 감히 품어본다. 책의 주제를 꿰뚫는 그림으로 저자소개 난을 빛내준 배혜령 작가와의 특별한 인연에 감사를 전한다. 그리고 나의 언어집착증 유전자를 물려받아 지대한 흥미를 보이며 꼼꼼히 읽어준 큰 아들과 자세히 읽지는 않았지만 그래도 재미있다고 말해준 작은 아들에게도 고마운 마음을 전하고 싶다. 끝으로, 조용히 커피를 내려 컴퓨터 옆에 가져다줌으로써 든든한 격려와 은근한 압력을 동시에 행사한 남편에게 깊은 감사를 전한다.

2022년 봄
창밖의 꽃 풍경이 아름다운 연구실에서
최혜원

C⊕ntents
목차

I

언어, 그 무질서의 질서

Ⅱ 국경을 넘지 않는 말소리

Ⅲ 진화 혹은 퇴화하는 어휘

일러두기

이 책을 읽는데 도움이 되는 몇 가지 표기를 알아두자.

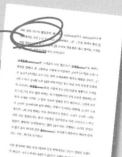

왜냐하면 *shibboleth*이나 *sibboleth*이나 한국어에게는 모두 [ㅅ] 소리이고, 한국어에서 ㅅ은 ㅣ모음 앞에서 항상 [ʃ]처럼 발음되니까 둘 다 똑같이 [ʃi] 소리로 발음했을 테니 말이다. 구개음화 덕분이다.

> ### [ ] 안에 들어있는 기호는 발음을 의미한다.
> 예를 들어, ㅅ이나 s는
> 한글 글자 ㅅ이나 알파벳 s를 가리키지만,
> [ㅅ]나 [s]는 그 기호가 가리키는 소리를 말한다.

뜻으로 매우 일반적으로
해서 존맛, 존맛탱, JMT가 20대
의 '최애' 신조어로 등극했다고

> ### 본문 중 컬러로 살짝 기울인 단어는
> 문장 안에서 그 단어의 의미로 쓰인 것이 아니라
> 그 단어의 형태, 즉 단어 그 자체를 예로
> 사용했다는 표시다.

함의entailment 뿐만 아니라 함축implicature,
추론inference, 전제presupposition의 수용
~~nodation~~ 같은 기제를 두루 잘 갖추고 있기 때문에,

컬러로 하이라이트된 어휘는

언어학에서 특정한 개념을 나타내는 용어다.
예를 들어, 언어학에서 쓰는 함축(implicature)은
다른 분야에서 말하는 함축과 다를 수 있다.

*전 세계 아미들 그래미 수상 불발에.
전 세계 아미들 그래미 수상 불발에

*로 표시된 문장이나 어휘는

'비문법적' 즉 '어법에 맞지 않는다'는 뜻이다.

인간은 일부러 틀리고 기계는 틀리면 죽는다
인간 언어와 인공지능

손님, 주문하신 커피 나오셨습니다
변화하는 존대법

머선129? 가가 가가?
방언과 표준어

한글은 한국어가 아니다
K-문자 한글

커피와 함께 블랙퍼스트를 드시나요?
과잉교정과 외래어 표기

human
language

human language • machine language

I.
언어,
그 무질서의 질서

machine language

휴랭 머랭.

내 과목을 듣는 학생들이 줄여 쓰는 말이다. 휴랭은 인간 언어, 휴먼 랭귀지human language를 줄인 말이고, 머랭은 기계 언어, 머신 랭귀지machine language의 줄임말이다. 동시에, 휴랭 머랭은 '인간 언어(휴랭)는 도대체 뭐래(머랭)?'라는 중의적인 뜻으로도 쓴단다. 귀여운 꼬마 셰프가 머랭meringue을 치는 깜찍한 이모티콘과 함께 쓰면 달콤한 디저트 머랭을 연상시키기도 한다. 같은 달걀 흰자도 마구 섞어놓으면 달콤한 쿠키로 탈바꿈하는 것처럼, 같은 단어도 새롭게 섞어놓으면 유쾌한 신조어로 재창조된다는 의미이기도 하겠다.

아재 개그는 아재만 구사하는 게 아니다. 우리는 의사소통을 위해서만 언어를 사용하지 않는다. 머랭 하나에 의도적으로 세 가지 의미를 담는 것, 그래서 일부러 혼동을 유발하는 것, 즉, 소통에 있어 질서와 정확성만을 추구하지 않는 것, 이런 면이 바로 인간 언어를 기계 언어와 구별짓는 특징이라 할 것이다. '휴랭 머랭'은 내가 이 책을 통해 그 답을 찾아보고자 하는 궁극적인 질문이다. '인간 언어란 도대체 뭐래?' 또한, 우리 시대 언어의 여러 특징을 함축적으로 담아 질문으로 던지고 있다. 신조어, 줄임말, 음절 구조, 외래어, 동음이의어, 언어유희 등등. 이 현상들은 뒤에서 차차 살펴보도록 하고 우선 이 장에서는 '휴랭 머랭?', 이 근본적인 질문부터 한번 생각해 보도록 하자.

인간은 일부러 틀리고
기계는 틀리면 죽는다
인간 언어와 인공지능

먼저 우리가 평범한 일상에서 대화를 나누는 상황을 한번 상상해 보자. 사무실 앞 커피 자동판매기 앞에서 동료가 난처한 얼굴로 지갑을 쳐다보더니 지나가던 당신에게 묻는다. "동전 좀 있으세요?"

화장실에 가려던 당신은 동료의 질문에 멈춰서 지갑을 열어보고는 100원짜리 동전 5개가 있다는 걸 확인한다. 그래서 "네, 있어요"라고 대답한다. 그리고는 화장실 안으로 들어간다.

> **동료:** 동전 좀 있으세요?
> **당신:** 네, 있어요.

음, 그렇다면 죄송하지만 당신은 인간이 아니다.

오해 마시라. 인간성이 나쁘다는 뜻이 아니다. 당신이 인간이라면 이렇게 대답할 리가 없다는 말이다. 당신은 아마도 인간처럼 생긴 머신, 즉 휴머노이드 로봇임이 분명하다. 무엇보다도 애초에 동료의 이 말을 '동전이 있냐 없냐'의 유무를 묻는 의문문이라고 이해했다는 것 자체가 문제다. "동전 좀 있으세요?"의 본 뜻은 동전 소유 여부에 대한 질문이 아니기 때문이다.

당신이 인간이라면 이 '질문'을 당연히 다음과 같은 '요청 혹은 가벼운 명령'으로 해석해야 마땅하다.

> **동료:** 제가 자판기에서 커피를 뽑아 마시고 싶은데 지금 저한테 동전이 없네요. 커피값이 400원이니 100원짜리 동전 4개나 500원짜리 동전 한 개 있으면 좀 빌려주세요.

의문문의 형태를 취하고 있는 "동전 있으세요?"를 '동전 좀 빌려주세요'의 요청으로 이해하고, 그에 상응하는 "여기 있어요"라고 대답하는 것이 인간의 언어 사용 방식이자 언어 능력이다. 더 근본적으로는 '커피 뽑는데 필요한 100원짜리 동전 4개를 달라'는 의도를 그냥 단순하고 명확하고 오해의 소지 없이 "100원짜리 동전 4개 주세요"라고 말하지 않고,

1. 동전 좀 주세요.

2. 동전 좀 빌려주세요.

3. 동전 좀 빌려주실 수 있으세요?

4. 동전 좀 있으세요?

5. 혹시 동전 없으시죠?

6. 혹시 좀 있으시면…

7. 지금 지갑 안 가지고 나오셨죠?

8. 좀 빌려주시면 이따 사무실에 들어가서 드릴게요.

9. 이 자판기는 카드가 안 되네요.

10. 참, 요즘 자판기가 카드를 안 받을 줄 몰랐네요.

등등 가지가지 다른 말로 돌려 말하는 것이 인간 언어의 특성이다. 심지어 동전에 대한 언급이 전혀 없는 6, 7, 8, 9, 10으로 말해도 인간은 다 '동전 달라'는 말로 척하면 척, 알아듣는다. 정말 이상한 건 당신이 자판기 앞에서의 상황과 의도를 위에서처럼 "제가 자판기에서 커피를 뽑아 마시고 싶은데…" 등등 매우 구체적이고 정확하게 설명한다면, 오히려 사람들은 당신을 이상하게 쳐다볼 것이다. 정확하게 의도를 전달하여 오해의 소지가 없어지기는커녕, 당신에게 뭔가 다른 의도가 숨겨져 있다고 오해할 수도 있다. '지금 나를 무시하는 건가?'

흥미롭게도 상당히 비슷한 한국어의 예가 영어로 쓰인 책에 실린 적이 있다.

과장: 날씨도 으스스하고 출출하네. (=한잔 하러 가는 게 어때?)

사원: 한잔하시겠어요? (=제가 술을 사겠습니다.)

과장: 괜찮아. 좀 참지 뭐. (=그 말을 반복한다면 제안을 받아들이도록 하지.)

사원: 배고프실 텐데, 가시죠. (=저는 접대할 의향이 있습니다.)

과장: 그럼 나갈까? (=받아들이도록 하지.)

이것은 세계적인 베스트셀러였던 <아웃라이어Outliers: The Story of Success>에 실린 한국어 대화 내용이다. 하와이대 언어학자 손호민 교수의 예를 인용한 것이라고 한다. 겉으로 뱉어진 말의 진정한 뜻은 사실은 괄호 안에 숨겨진 것임을 보여주는 재미있는 예시다. 저자는 화자speaker 중심 언어인 영어와는 달리 한국어는 청자hearer 중심의 언어이기 때문에 이렇게 에둘러서 말한다고 설명하고 있다. 문화 차이라는 말이다. 그 말도 맞다.

그러나 어떤 문화에서 어떤 언어를 사용하든 정도의 차이가 있을 뿐이지 인간이면 다들 이런 식으로 함축적으로 말한다. 물론 문화에 따라 해석의 여지와 내용과 정도가 다를 수는 있다. 예를 들어, 소위 더 개인적이라고 여겨지는 서양 문화에서는 위의 대화가 전혀 다르게 진행되거나 해석될 수도 있다. 사실 한국에서도 십여 년 전에나 통했지, 요즘 시대에는 아무리 과장과 사원 사이라도 대화가 저렇게 수직적으로 진행되진 않는다.

과장: 날씨도 으스스하고 출출하네. (=빨리 집에 가서 저녁 먹고 싶다.)

과장: 괜찮아. 좀 참지 뭐. (=됐어. 당신하고 술 마시느니 집에 가는 게 나아.)

핵심은 어느 문화에서 어느 언어를 사용하든, 일체의 오해나 다른 해석이 불가능하도록 논리와 사실에 의거하여 100% 직접적으로만 말하는 사람들은 세상 어디에도 없다는 것이다. 영어 화자라고 해서 '빨리 퇴근하고 싶다'는 뜻을 전달하기 위해 반드시 "빨리 퇴근하고 싶다"라고만 말하지 않으며, 자판기 앞에서 동전이 필요한 상황을 구구절절 설명하지도 않는다. 그들도 역시 '동전 있냐'는 질문 아닌 질문을 할 뿐이다.

} Got some coins?

이렇듯 인간언어 휴랭human language은 애매하게, 다르게, 때로는 일부러 틀리게 말한다. 반면, 맞든지 틀리든지, 0이든지 1이든지, 명확하게 딱 필요한 만큼의 사실만을 말하고, 그것을 액면 그대로 이해하는 것이 컴퓨터 프로그래밍 언어, 머랭machine language의 특징이다. 머랭은 틀리면 더 이상 진행이 안 된다. 컴퓨터 언어도 인간 언어와 마찬가지로 그 목적이 의사소통이긴 마찬가지다. 인간이 컴퓨터와 소통하기 위해 만든 언어니까. 인간의 언어와 마찬가지로 어휘(=기호)와 문법(=규칙)이 있고 그를 통해 의미(=명령)를 전달한다.

만일 인공지능에서 많이 쓰는 프로그래밍 언어인 파이선Python으로 컴퓨터에게 '동전 있냐'라고 말하고 싶다면, 다시 말해 코드를 짠다면, 다음과 같이 하게 될 것이다. (# 다음의 글씨는 파이선 언어를 한국어로 번역한 것이다.)

```
# 동전 있어요?
coin = 5                       # 동전(coin)이 5개 있어요
if coin > 0:                   # 동전이 0개보다 많으면(즉, 있으면)
  print("네, 있어요")          # "네, 있어요"라고 말하세요
else:                          # 아니면(동전이 0개이거나 미만이면, 즉, 없으면
  print("아니오, 없어요")      # 아니요, 없어요"라고 말하세요
```
네, 있어요

Python 언어 코드

컴퓨터는 매우 투명하고 정직하게, 동전이 없으면(coin=0), "아니오, 없어요"라고 대답하고, 동전이 있으면(coin=5), "네, 있어요"라고 말한다. 그것도 인간이 모든 경우의 수를 미리 생각해서 일일이 어떻게 하라고 알려줘야 그 정도라도 한다. 자기가 좀 알아서 하는 법이 없다. 위의 코드에 의하면 동전이 5개 있었으니 머신은 "네, 있어요"라고 착실하게 말한다. 그러나 그러고 나서 동전이 있으면 동전을 주라는 명령이 없었으니 거기서 멈추고 동전을 안 주는 게 당연한 것이다. 물론 '동전이 있으면 동전을 주라'고 코드를 짤 수는 있다. 그러나 문제는 "동전 좀 있으세요?"라는 질문이 항상 '100원짜리 동전 4개를 빌려주세요'라는 뜻은 아니라는 것이다. 만약에 편의점 사장님이 물건을 계산하는 당신에게 똑같은 '질문' "동전 좀 있으세요?"라고 묻는다면, 다음과 같은 뜻일 수도 있다.

편의점 사장: 제가 손님께 800원을 거슬러 드려야 되는데 동전 8개를 드리기 번거로우니, 손님이 100원짜리 동전 2개를 주시면 제가 1000원짜리 지폐를 드릴게요.

이건 전혀 빌려달라는 말이 아니다. 이 모든 예측 불가능한 경우의 수를 어떻게든 예측해서 컴퓨터에게 미리 알려주는 게 쉬운 일이 아니다. 그래도 한 가지 확실한 건 머랭은 동전이 있는데 없다고 하거나, 동전이 없는데 있다고 하는 경우는 없다. 언제 어디서나 상황에 구애받지 않고 항상 똑같은 답을 내어 준다.

머랭이 휴랭과 비슷한 점도 많다. 머랭에도 여러 다른 언어가 있다. 인간 언어에 한국어, 영어와 같이 여러 종류의 언어가 있어 서로 다른 어휘와 문법을 사용하듯이,

한국어: 동전 좀 있으세요?

영어: Got some coins?

컴퓨터 언어에도 Python, C, Java 등 여러 언어가 있다. 그리고 우리도 미국에 가서 미국인에게 한국어로 말하면 못 알아듣는 것처럼, 컴퓨터에게도 모르는 언어로 말하면 못 알아듣는다. 예를 들어, Python 언어가 통하는 환경에서 C 언어를 사용해 '동전 있어요?'라고 한번 물어보자. 아래 코드는 위의 Python 코드를 그대로 C로 번역한 것이다.

이 C 코드를 Python 환경에서 돌려봤더니 바로 에러가 나며 죽어버렸다. '나 이거 모르는 말이야SyntaxError: invalid syntax'라고 짜증을 내며 입을 확 닫아 버린 것이다. C 언어로는 정확한 어휘와 문법을 사용해서 쓴 코드이지만, Python 언어만을 이해하는 환경에서는 여기저기에 별색 표시를 하며 틀렸다고 신경질적인 경고를 한다.

```
// 동전 있어요?
int coin = 5;              // 동전(coin)이 5개 있어요
if (coin > 0) {            // 동전이 0개보다 많으면(즉, 있으면)
    printf("네, 있어요");   // "네, 있어요"라고 말하세요
} else {                   // 아니면(동전이 0개이거나 미만이면, 즉, 없으면)
    printf("아니오, 없어요"); // 아니요, 없어요"라고 말하세요
}
```

File "<ipython-input-3-eef20041f3af" line 1
    (/동전, 있어요?)
     ^
SyntaxError: invalid syntax

C 언어 코드

첫 줄의 코멘트 문법 //부터 달라서, 시작부터 모르겠다고 난리다. 컴퓨터 언어 대부분이 영어 단어처럼 생긴 어휘를 사용하기 때문에 상당히 비슷해 보이긴 해도, 자세히 보면 Python과 C는 단어도 다르고 문법도 다르다. 위의 예는 단순한 코드라 어휘가 많이 등장하진 않지만 그래도 다른 단어가

하나 눈에 띈다. Python에서는 '인쇄하라(=말하라)'가 *print*지만, C에서는 *printf*다. 또한 문법sytnax에 있어서도 Python은 들여쓰기를 하지만 C에서는 중괄호{ }를 쓰는 것이 중요한 차이다. 컴퓨터 프로그래밍을 해본 사람이라면 영문도 모른 채 돌아가지 않는 코드와 밤새 씨름한 경험이 있을 것이다. 그리고 그 수 시간 불면의 원인이 고작 오른쪽 괄호를 하나 안 닫았다거나 하는 정말 사소한 이유였다는 걸 깨닫고 분노의 비명으로 새벽을 가른 적도 있을 것이다(이런 쓸데없는 시간 낭비를 방지하기 위해 요즘 에디터들은 친절하게 괄호를 달아주긴 한다). 아무리 문법이 살짝 틀렸기로서니 바로 대화 단절이라니, 해도 너무하다. 외국에서 말이 안 통해 설움을 당해본 적이 있긴 해도, 기계한테 이런 취급을 당하면 기분이 상당히 언짢다.

정말이지 컴퓨터는 융통성이라고는 눈꼽만큼도 찾아볼 수 없다. 다양한 표현을 사용하는 것도 절대 싫어한다. 오늘은 왠지 좀 친절하게 말하고 싶어서 *print* 대신 *print please*라고 한다든지, 아니면 매일 같은 단어를 쓰기 지루해서 *print* 대신 *write*로 바꿔 쓴다든지, 혹은 내 맘대로 *prt*로 줄임말 신조어를 만들어 쓴다면, 또다시 잔뜩 에러 메세지로 히스테리를 부리며 대화 단절을 선언할 것이다. 타협이란 없다. 동의어도 허용하지 않는 컴퓨터한테 비유나 은유를 써서 좀 문학적으로 말해보는 건 아예 상상할 수조차 없다. 사실 요즘은 '객체 지향object-oriented' 프로그래밍으로 어느 정도의 정보 함축과 기능의 중의적 사용도 가능하고 아주 능숙한 프로그래머들은 각자 나름의 스타일을 구사한다고 하나, 사용하는 언어의 근본적인 특징은 변하지 않는다. 그도 당연한 것이 프로그래밍 언어의 근간은 무수히 많은 1과 0으로 이루어져 있으니까. 겉으론 그럴듯한 어휘를 사용하는 것 같아 보이지만 실상은 그 안에 숨어있는 통역사 컴파일러 compiler가 모두 0과 1로 바꿔주는 것이니까.

인간 언어와 컴퓨터 언어의 가장 큰 차이는 뭐니 뭐니 해도 아마 의미의 해석에 있을 듯하다. 머랭은 겉으로 드러난 문장을 이해하는 방법도 다르지만 숨은 뜻을 이해하는 방법도 다르다. 한 가지 예를 더 들어보자. 당신이 고양이 세 마리를 키운다고 상상해보자. 당신에게 고양이가 총 세 마리 있는 것이다.

> **아파트 관리인:** 집에 반려동물이 있으신가요?
> **당신:** 고양이가 한 마리 있습니다.

당신의 대답은 진실인가 거짓인가? 우리 인간은 모두 이 대답이 거짓이라고 생각한다. 그러나 컴퓨터는 다르다.

고양이가 세 마리 있다: 참 (True)
▼
고양이가 두 마리 있다: 참 (True)
▼
고양이가 한 마리 있다: 참 (True)

만약 당신이 '고양이 세 마리를 가지고 있다'는 게 사실(참)이라면, 당신이 '고양이 네 마리를 가지고 있다'는 것은 거짓이지만, '고양이 한 마리를 가지고 있다'는 것은 당연히 참이다. '고양이 두 마리를 가지고 있다'도 물론 참이다. 세 마리가 있다면 당연히 한 마리가 있는 것이다. 논리적으로 말하자면, '고양이가 세 마리 있다'가 '고양이가 한 마리 있다'를 **함의**entail하기 때문이다. 예를 들어, 아래와 같이 컴퓨터에게 '당신이 소유한 고양이의 수가 참일 경우 고양이가 있다고 말하라'고 시킨다면, 고양이가 3마리일 때뿐만 아니라, 1마리, 2마리일 때도 그렇다고 말할 것이다.

```python
#고양이가 있어요
my_cats = ['야옹이', '키아라', '킴바']    #나는 야옹이, 키아라, 킴바라는 고양이가 있어요
N = len(my_cats)                      # N은 내 고양이의 수, 즉 3이에요
for i in range(N)                     # 내 고양이의 수가 맞다면
  print("고양이가", i+1, "마리 있어요"   # "고양이가 n마리 있어요"라고 말하세요
```

고양이가 1마리 있어요
고양이가 2마리 있어요
고양이가 3마리 있어요

Python 언어 코드

하지만 인간 언어 휴랭의 현실은 다르다. 당신은 참을 말하고 있지만, 모두들 당신이 거짓말을 한다고 손가락질 할 것이다. 왜냐하면 인간의 언어는 논리적, 수학적, 기계적 언어와는 의미 체계가 다르기 때문이다. 인간

언어에서 고양이 세 마리를 소유한 사람이 고양이가 한 마리 있다고 하는 것이 거짓인 이유는 인간이 비논리적이어서가 아니다. 소위 논리적인 수학 언어나 프로그래밍 언어도 다 인간이 만들었는데 비논리적이라니 무슨 소리인가! 그것은 다만 인간 언어의 논리가 기계 언어의 논리와 달라서다.

이를 설명하는 인간 언어의 법칙 중 **그라이스의 대화 격률**Grice's Maxims이라 불리는 유명한 이론이 있다. 여러 법칙이 있지만 이 고양이 문제에 해당되는 규칙은 다음과 같다.

> **양量의 격률**Maxim of Quantity:
> 1. (대화의 현재 목적에) 요구되는 만큼의 정보를 제공할 것.
>   Make your contribution as informative as is required (for the current purposes of the exchange).
> 2. 필요 이상으로 많은 정보를 제공하지 말 것.
>   Do not make your contribution more informative than is required.

우선, 고양이가 세 마리 있는데 한 마리 있다고 대답한 당신은 **양의 격률** Maxim of Quantity 1번을 어긴 것이다. 이 담화의 목적에 맞게 요구되는 정보의 양은 소유하고 있는 고양이의 수를 모두 말하라고 하는 것인데, 당신은 이를 어기고 정보의 양을 축소했기 때문이다. 반면에, 만약 당신이 아래와 같이 대답했다면 당신은 양의 격률 2번을 어긴 것이다. 이것이 전형적인 TMIToo Much Information 케이스다. 이렇게 쓸데없이 많은 정보를 제공해도 당신의 말은 뭔가 '비정상적'으로 들릴 것이다.

> **아파트 관리인:** 집에 반려동물이 있으신가요?
> **당신:** 우리 집은 고양이가 세 마리 있지만, 옆집은 개가 세 마리예요.

대화 격률은 상호간에 원활한 의사소통을 위해서 지키라고 있는 규칙이지만 실생활에서 이를 어기는 경우가 꽤 흔하다. '고양이 한 마리'의 경우는 고의적으로 어겨서 거짓말을 한 경우에 해당하지만, 보통의 경우 악의적이지 않은 위반도 상당히 많다.

> **엄마:** 오늘 시험 잘 봤니?
> **나:** 영어는 괜찮은 것 같아요.

아마 고등학교 시절에 많이 듣던 질문일지도 모르겠다. 시험 트라우마를 소환하고 싶지는 않지만, 만일 당신이 인간이라면 위의 짧은 대화에서 다음과 같은 정보를 끌어낼 수 있어야 한다.

> 1. 오늘 시험 본 과목의 수가 영어 한 과목보다 많다는 점
> 2. 나는 영어 시험 결과에 대체로 만족한다는 점
> 3. 영어 과목 이외의 시험 결과는 별로 만족스럽지 않다는 점
> 4. 그래서 일부러 다른 과목 점수는 말하지 않는다는 점 등등

엄마와 자식 간에 나눈 단 두 문장에서 우리가 이러한 정보를 추론infer할 수 있는 이유도 우리가 무의식적으로 이 대화 격률을 알고 있기 때문이다. 이 대화에서 나는 양의 격률 1번을 어기고 오늘 본 시험 과목 중 일부의 점수만 말함으로써 엄마에게 충분한 정보를 제공하지 않고 있다. 이처럼 언어의 규칙을 일부러 어기면 일종의 함축implicature적 의미가 발생한다. 다시 말해, 나는 요구되는 정보를 충분히 제공하지 않음으로써 '영어 과목 이외의 점수는 말하기 싫다', '왜냐하면 점수가 좋지 않기 때문이다', '그러니 엄마는 나에게 시험에 대해 더 이상 묻지 말아 달라', '나도 괴롭다' 등등의 의미를 함축하고 있고, 듣는 엄마도 이를 어렵지 않게 추론할 수 있게 되는 것이다. 물론 많은 엄마들은 충분한 추론 능력이 있음에도 불구하고 계속 집요하게 물으시지만 말이다. 대화에 있어 협력의 원리 Cooperative Principle를 어기면서까지.

규칙을 절대 위반하면 안 되고 상황에 따라 의미가 변하지 않는 컴퓨터 기계 언어와는 달리, 인간 언어의 규칙은 이와 같이 심심찮게 위반되고 그 의미도 때와 장소에 따라 바뀐다. 중요한 점은 규칙이 위반되면 그에 따른 추가적인 의미가 발생된다는 사실이다. 규칙이 없어서 의미가 바뀌는 것이 아니라 규칙이 있기 때문에 위반도 있고 그에 따라 의미도 달라지는 것이다. 그 계산된 효과를 알기 때문에 일부러 틀리는 것이 인간이다. 앞서 언급한 쓸데없는 TMI, '옆집 사람의 개'의 예도 사실 이런 효과를 노린 의도적인 위반일 수 있다. 양의 격률 2번을 어겨서 함축적 의미를 발생시키는 것일 텐데, 이 함축적 의미도 문맥에 따라 달라진다.

> **지인:** 그 동네는 반려동물 키우기 어떤가요?
> **당신:** 우리 집은 고양이가 세 마리 있지만, 옆집은 개가 세 마리예요.

앞서 입주민의 민원을 접수한 아파트 관리인의 질문이라는 맥락에서는 '옆집은 덩치도 더 크고 시끄럽게 짖는 개를 세 마리나 소유하고 있으니 민원의 진원지는 옆집이지 우리 집이 아니다'와 같은 의미를 함축하였을지 모르지만, 똑같은 문장이 위와 같은 맥락에서는 '우리 동네는 반려동물을 키우기에 매우 우호적인 환경이다'라는 의미를 함축할 수도 있는 것이다.

맨 처음의 '동전' 대화로 돌아가 보자. 당신이 인간이 아니라고 매도당한 이유도 또 다른 대화 격률과 관계가 있다. 바로 가장 기본적인, **관련성의 격률**Maxim of Relation이다. 당신이 현재 대화의 화제인 자판기 커피와 당신 동전과의 관련성을 이해하지 못해서 '동전 좀 있으세요?'의 함축적 의미를 영 파악하지 못했기 때문이다.

> **관련성의 격률**Maxim of Relation/Relevance:
> 화제와 관련 있게 말할 것. Be relevant.

인간은 모두 이 점을 잘 알고 있기 때문에 상대가 뜬금없이 '지금 지갑을 안 가지고 나왔냐'는 둥, '요즘 자판기가 카드를 안 받는 줄 몰랐다'는 둥,

'동전을 달라'와는 관련이 없어 보이는 말을 해도 관련성의 격률에 의거하여 귀신 같이 알아듣는 것이다. 또한 이 격률이 위반되면 그에 따른 또 다른 함축적 의미를 파악하기 마련이다. 만일 당신이 기계가 아니고 인간인데도 '네, 있어요'라고 대답하고는 쌩하니 화장실로 직행했다면, 당신은 이 관련성의 격률을 일부러 위반한 것이고, 이에 숨겨진 함축적 의미는 둘 중 하나다.

1. 나는 지금 일부러 시간을 끄는 것으로써 내 동료를 놀려주고 싶다.
2. 나는 내 동료에 대해 감정이 좋지 않아 그의 요청을 들어줄 생각이 없다.

불편한 심기는 앞의 시험의 예에서 양의 격률을 어길 때만 표현할 수 있는 게 아니라 관련성의 격률을 어길 때도 표현된다. 또한 유머나 개그도 대화 격률의 고의적 위반에 기인하는 경우가 많다. 사오정 유머가 그 대표적인 예다. 사오정 유머의 핵심은 도대체 문맥을 파악하지 못하고 말귀를 못 알아듣는 전형적인 관련성 격률의 위반이다. 요즘 유행하는 각종 줄임말도 대화 격률과 관련이 있을 수 있다. 인터넷 시대에 짧고 빨리 말함으로써 단순히 경제성을 추구하는 것일 수도 있지만, 달리 생각하면 단어에 대한 정보를 일부만 제공하여 양의 격률을 일부러 어김으로써 함축적 재미를 추구하는 언어유희일 수도 있다.

할많하않: 할 말이 많지만 하지 않겠다

ㅇㄱㄹㅇ: 이거 레알?

또한 언어의 예의나 예절도 간접적으로 돌려 말함으로 인해 함축적 의미를 추가적으로 전달하는 것과 관계가 깊다. '동전'의 예에서 애초에 질문이 아닌 것을 의문문의 형태를 취해 말하는 것도 간접적인 화법으로 예의를 차리는 것이다. 아무리 친한 동료라도 다짜고짜 '100원짜리 동전 4개 주세요'라고 대놓고 말하면 기분이 상할 수 있다. '혹시 동전 없으시죠?'라고 정말 이상하게 '질문'을 해야 기꺼이 지갑을 열어 줄 것이다. 상대가 동전이 없을 때 또는 동전이 있어도 주기 싫을 때에 대비해, 의문문이라는 우회로를 사용해 서로 체면을 상하지 않고 대화를 마무리할 수 있는 아름다운 공백을 남겨놓는 것이다.

> 동전 좀 주세요.
> 혹시 동전 없으시죠?

같은 의문문의 형태를 취하더라도 정도가 다를 수도 있다. 영어에서는 예의 있게 말을 할 때는 *will*이나 *can* 같은 조동사를 안 쓰고 원래 가정법에나 쓰는 *would*이나 *could* 같은 조동사를 쓰는 것도 다 같은 원리다.

> Will you pass me some coins?
> Would you pass me some coins?

일종의 가정법인 *would*를 쓰는 것은 '당신이 동전이 없을지도 모르지만, 만약에 동전이 있다면'이라는 가상의 상황을 가정한 간접적인 화법인 것이다. 이렇게 말함으로써 상대가 동전이 없는 경우나 아니면 동전이 있더라도 빌려주기 싫을 경우까지 고려해서, 상대방에게 당신의 요청을 거절할 수 있는 여지를 남겨주는 것이다. 이것이 예의의 기본이다.

휴랭 머랭? 뭐가 이렇게 복잡해? 인간 언어는 왜 이러는 것일까? 그냥 머랭처럼 그러면 그렇다, 아니면 아니다 라고 직접적으로 솔직하고 시원하게 말하면 안 되나? 그건 모르시는 말씀이다. 우리 인간들 보고 다 머랭처럼 말하라고 하면 아마 하루도 못 가서 너무 숨 막히고 피곤한 나머지 다들 영원히 입을 다물어 버릴지도 모른다. 일부러 적당히 엉성하게 말하는데에 인간 언어 소통의 궁극적 효율이 존재하는 것이다.

커피 한잔 뽑아 마시자고 다음과 같이 동료한테 구구절절 상황을 설명해야 하고,

제가 자판기에서 커피를 뽑아 마시고 싶은데 지금 저한테 동전이 없네요. 커피 값이 400원이니 100원짜리 동전 4개나 500원짜리 동전 한 개 있으시면 '네 있어요'라고 대답하신 후 좀 빌려주세요.

또는 시험 볼 때마다 성적을 묻는 엄마에게 항상 물샐틈없이 완벽한 논리로 대답해야 한다면,

오늘은 영어, 역사, 과학, 이렇게 세 과목의 시험을 봤어요. 영어는 90점 이상을 받았으니 괜찮은 성적을 받았다고 할 수 있을 것 같아요. 역사는 80점을 받았는데 70점보다는 높지만 90점보다는 낮아서 그냥 보통의 성적이에요. 과학은 65점을 받았는데 70점보다도 낮은 점수니까 나쁜 성적이라고 해야겠네요. 보통의 점수를 받은 역사와 나쁜 점수를 받은 과학에 대한 성적 정보는 엄마에게 말씀드리기 싫네요. 왜냐하면 엄마가 야단을 치실 게 뻔하기 때문이죠. 그래서 성적이 괜찮은 영어 시험 결과만 말씀드릴게요. 오늘의 시험 결과에 대해 저도 별로 기분이 좋지 않으니 더 이상 묻지 않으셨으면 좋겠어요.

의사소통에 시간도 많이 걸릴 뿐 아니라 에너지도 많이 소모되어, 아무리 말하기 좋아하는 인간이라도 기운이 달려서 머지않아 나가떨어지게 될 것이다. 이 길고도 복잡한 문장들을 '동전 좀 있으세요'나 '영어는 괜찮은 것 같아요'로 퉁 칠 수 있는 게 인간 언어의 묘미다. 인간 언어가 진위True/False나 함의entailment 뿐만 아니라 함축implicature, 추론inference, 전제presupposition의 수용accommodation 같은 기제를 두루 잘 갖추고 있기 때문에, 띄엄띄엄 대충 말하고도 엄청난 양의 정보를 서로 주고받을 수 있게 된 것이다. 또한 빈틈없는 논리에만 의존하지 않기 때문에 의사 전달이 툭 하면 끊기는 일도 없게 된다. 논리적 비약이 생기면 알아서 중간 연결고리를 '만들어 가며accommodate' 알아듣고 말하는 게 인간이다. 척 하면 삼천리, 개떡 같이 말해도 찰떡 같이 알아듣는 게 인간 언어의 핵심 원리다. 생각해 보면 휴랭은 정말 대단히 효율적인 도구라 아니할 수 없다. 아마도 이것이 인간이 다른 동물보다 빠른 진보를 이뤄낸 원인이고 인공지능이 아직도 인간 흉내를 못 내는 이유일 것이다. 인공지능 의문의 1패!

최근에 이루어진 인공지능의 비약적인 발전도 어떤 면에서는 머랭이 접근방식을 완전히 바꾼 덕에 성취되었다고 볼 수 있다. 규칙을 포기하고 데이터를 늘리는 것이 딥러닝Deep Learning의 핵심전략이니 말이다. 인간 언어가 해석될 수 있는 모든 경우의 수를 규칙으로 따져서 일일이 컴퓨터에게 알려주기를 포기하고, 그 대신 '인간의 언어사용 데이터를 엄청 많이 줄 테니 그 안에서 최선의 패턴을 찾아봐'로 방향을 바꾼 것이다. 다시 말해, '동전 좀 있으세요?'가 이런 경우에는 '100원짜리 동전 4개를 주세요'로 해석되고, 또 다른 경우에는 '800원을 거슬러 드릴게요'로 해석되니, 모든 가능한 경우를 규칙으로 정해 미리 알려주고 규칙대로 반응하도록 알고리즘을 짜는 것을 포기하고, 인간이 '동전 있으세요'라고 말한 경우가 포함된 가능한 많은 언어사용 데이터를 넣어주고 비슷한 경우가 나오면 비슷하게 반응하라고만 알려준 것이다. 이세돌이 이렇게 바둑을 둘 경우, 알파고 너는 다음 수를 이렇게 두라고 규칙을 정해준 것이 아니라, 가능한 많은 기본 데이터를 넣어주어 그 수 다음에 어떤 수를 두어야 이길 확률이 높은지를 계산하게 학습시킨 것과 마찬가지다. 왜 '네, 있어요'가 아니라 '여기 있어요'가 답인지 그 이유를 설명해주는 대신, '여기 있어요'라는 인간다운 답이 나올 때까지 끊임없이 데이터를 넣어 학습시키는 쪽으로 방향을 전환한 것이 성공의 비결이다.

스마트 스피커나 챗봇을 써 보신 분들은 내 말을 기억하지 않는 무심한 인공지능 때문에 마음이 상한 경험이 있을 것이다. 바로 5분 전에 키아라와 킴바라는 고양이 두 마리를 키운다고 말해 줬는데, 그 바로 다음에 그런 말은 처음 듣는다는 듯이 엉뚱한 반응을 보이니 말이다. 인공지능에게 말을 기억하게 하는 일은 만만한 일이 아니라고 한다. 말을 기억 못하는데 무슨 대화를 하겠나. 2020년 공개된 Open AI의 GPT3라는 언어모델은 거의 대학생 수준의 언어 능력을 갖췄다고 해서 세상을 놀라게 했다. 키워드 몇 개만 던져줘도 소설을 줄줄 써내려가고 코드까지 작성한다고 하니 드디어 인간 언어를 제대로 구사하는 인공지능이 나왔다고 난리가 났었다. 이 인공지능을 이 정도로 키워내는 데에 우리 인간이 평생을 읽어도 다 못 읽을 만한 어마어마한 양의 텍스트 데이터를 넣어주고 엄청난 시간과 상상을 초월하는 비용을 들여 학습시켰다고 들었다. 500억이라나 1000억이라나. 모델이 워낙 커서 한번 받기도 힘들지만 받아서 한번 훈련시키는 데만 수십억의 비용이 든다고 들은 것 같다. 전기는 또 얼마나 많이 사용할지 상상이 안 간다. 그런데 애도 전에 들은 말에 대한 기억력이 없다고 하니 아직 갈 길이 먼 모양이다.

백과사전 몇백몇천 권에 해당하는 데이터를 쓸어 넣어주고 아주 작심하고 가르치지 않아도, 그냥 태어나 자라면서 자연스럽게 언어를 배우고 사용하는 우리 인간의 가치가 어느 정도인지 이제 좀 짐작이 갈 것이다. 천문학적인 숫자다. 더구나 친환경적이고 가볍고 효율적이기까지 하다. 말을 할 줄 아는 우리 인간들은 의심의 여지없이 진정 경이로운 존재들이다. 인간의 일원으로서 '동전 좀 있으세요?' 정도는 아무렇지도 않게 이해하는 신비한 언어 능력의 소유자인 내가 진심으로 좀 멋진 것 같다. 휴랭 대단행!

알아두면 쓸데 있는 신박한 언어상식
세계의 언어

인류는 언제부터 언어를 사용하기 시작했을까? 기록이 남아있지 않기 때문에 정확한 시기를 알 수 없지만 대략 호모 사피엔스의 출현과 시기가 일치한다고 보고 있다. 길게 보면 약 15만 년 전, 짧게 보면 7만 년 전쯤으로 추산한다. 처음 아프리카 동쪽에서 하나의 언어를 사용한 것으로 추정되는 이들이 점차 아시아와 유럽, 오스트레일리아와 아메리카 대륙으로 이동하면서 생활 환경의 변화와 함께 언어가 점차 분화되는데, 역사적으로 같은 언어에서 분화된 언어들을 묶어 어족語族으로 분류한다.

가장 많은 화자수를 보유하고 있는 인도유럽Indo-European어족은 대부분의 유럽어와 북부 인도어들을 포함한다. 영어는 이중 게르만Germanic어족에 속한다. 중국어는 그 다음으로 화자수가 많은 중국티베트Sino-Tibetan어족에 속한다. 니제르콩고Niger-Congo어족은 주로 남아프리카의 언어들을 포함하고, 아시아아프리카Afro-Asiatic어족은 북아프리카 언어들과 아랍어, 히브리어 등의 서아시아 언어들을 포함한다. 오스트로네시아Austronesian어족에는 인도네시아와 말레이시아에서 쓰는 말레이어와 필리핀어를 비롯하여 태평양의 여러 섬 언어들이 속해 있다. 한국어는 이전에는 알타이어족에 속한 것으로 보았었는데 현재는 독립어로 보는 견해가 더 지배적인 것 같다.

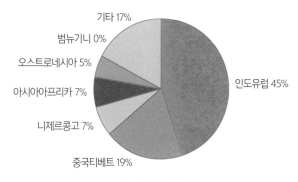

주요 어족의 화자 비율

그러면 현재 이 세상에는 몇 개의 언어가 존재하고 있을까? 통계마다 6,000에서 8,000까지 조금씩 다른 수를 제시하고 있지만 권위 있는 언어 전문기관인 SIL International이 운영하는 Ethnologue에 의하면 2022년 현재 7,000여 개의 언어가 있다고 한다. 이 중에는 수어手語도 포함되어 있다. 아래 지도의 점들은 전 세계에 퍼져있는 모두 다른 언어를 표시한다.

Ethnologue, https://www.ethnologue.com/guides/how-many-languages

안타깝게도 이 중 40%에 달하는 언어가 화자의 수 1,000명 미만으로 멸종의 위험에 처해 있다고 한다. 한 두 세대가 지나면 지구상 언어의 수가 반으로 줄지도 모르겠다. 반면에, 72억 세계 인구의 반이 넘는 수가 23개의 언어를 사용한다고 하니, 언어에 있어서도 빈익빈 부익부가 적용되는 것 같다. 다음은 화자의 수로 봤을 때 상위 20위에 드는 언어들이다.

순위	언어	화자수(명)	순위	언어	화자수(명)
1	영어	15억	11	인도네시아어	1억9천9백만
2	중국어 보통화	11억	12	표준 독일어	1억3천4백만
3	힌디어	6억	13	일본어	1억2천5백만
4	스페인어	5억4천8백만	14	나이지리아 피진어	1억2천만
5	프랑스어	2억7천4백만	15	마라티어	9천9백만
6	표준 아랍어	2억7천4백만	16	텔루구어	9천5백만
7	벵골어	2억7천2백만	17	터키어	8천8백만
8	러시아어	2억5천8백만	18	타밀어	8천6백만
9	포르투갈어	2억5천7백만	19	중국어 월어(광동화)	8천5백만
10	우르두어	2억3천1백만	20	베트남어	8천5백만

인구수로 봤을 때는 중국어(보통화)를 제1언어, 즉 모국어로 쓰는 화자가 가장 많지만, 영어는 제1언어로 쓰는 국가 이외에도 많은 나라에서 공식어로 쓰거나 이중 화자들이 많아서 총 화자수로 따지면 중국어(보통화)를 능가한다. 유사한 이유로 프랑스어의 순위도 상당히 높다. 영어에 기반을 둔 단순 변형어인 나이지리아 피진Nigerian Pidgin은 나이지리아에서 공용어로 쓰일 뿐만 아니라 서부 및 중부 아프리카의 많은 지역에서 통용되는 언어라 14위를 차지할 정도로 많은 화자를 확보하고 있다. 주목해 봐야 할 언어는 인도권, 즉 인도, 방글라데시, 파키스탄에서 사용되는 언어들이다. 이들 나라에서 사용되는 언어로 20위 안에 드는 것

만도 힌디어, 벵골어, 우르두어, 마라티어, 텔루구어, 타밀어로 6개나 된다. 이외에도 이들 나라에서 사용되는 언어의 종류가 워낙 많기 때문에 보통 영어가 공용어로 많이 사용된다. 다시 말해 이 지역에선 엄청나게 많은 수의 화자들이 그들의 모국어 이외에 영어를 구사한다는 뜻이다. 이 때문에 미래에는 인도식 영어가 표준 영어가 될 것이라고 예측하는 이들도 있다. 한국어는 20위권에 들지만, 현재 세계에서 가장 낮은 출산율을 기록하고 있는 탓에 이대로 가다간 화자수가 급격하게 떨어질 것이고 머지않아 멸종을 걱정해야 될 지도 모른다. 너무 늦기 전에 대책이 강구되길 희망한다.

손님,
주문하신 커피 나오셨습니다
변화하는 존대법

⟩ 123번 손님, 주문하신 커피 나오셨습니다.

거의 매일 듣는 말인데 들을 때마다 짜증이 난다.
커피가 꼭 나오셔야 되나, 커피 주제에 그냥 나오면 안 되나!

⟩ 123번 손님, 주문하신 커피 나왔습니다.

라고 말하면 문법에도 맞고 얼마나 깔끔하고 좋은가! 그런데 이렇게 말하
면 기분 나빠하는 손님이 있다는 게 문제다. 어쩐지 존대를 제대로 안 하
고 불손하게 대하는 것처럼 들린다는 것이다. 손님도 아니고 손님이 마시

는 커피에까지 존대를 해야 맛인가? 존대에 관해선 과유불급이 통하지 않는다. 높일까 말까 헷갈린 땐 높이고 보는 게 안전하다는 판단인 듯하다.

요즘 이런 과잉존대를 어디서나 들을 수 있다.

> 선생님 전화가 오셨어요.
> 오늘 옷이 예쁘세요.

전화가 오시긴 뭘 오셔? 라고 받아치고 싶지만 참는다. 커피가 아무리 비싸 봐야 그저 음료일 뿐이고, 옷이 아무리 귀하다 한들 그저 물건일 뿐인데, 왜들 높이지 못하여 야단일까?

사실 우리말의 존대법은 그리 간단한 문제가 아니다. 다른 언어에도 상대방을 높이는 존대 표현이 있기는 하지만, 한국어처럼 까다롭게 발달된 언어는 흔하지 않다. 그나마 한국어와 견줄 수 있는 건 일본어 정도다. 다른 언어에서 존대 표현은 주로 상대방을 지칭하는 대명사에 나타난다. 예를 들어, 프랑스어에서는 상대방을 높일 때 '너'라는 2인칭 대명사 *tu* 대신에 *vous*를 쓰고, 독일어에서는 *du* 대신에 *Sie*를 쓰는 정도다. 중국어에서도 상대를 높일 때 你[니] 대신에 您[닌]을 쓰기도 하지만, 어른한테 你라고 한다고 해서 욕을 먹는 상황은 아니다. 반면, 우리는 어른을 너라고 지칭하는 건 상상할 수 없다. 당신이라고 할 수도 없다. "당신이 뭔데 남의 일에 간섭이야?"에서처럼 시비 걸 때 쓰일 수도 있기 때문에 위험하기 짝이 없다(듣자하니 일본어의 아나타도 당신과 비슷한 입장이라고 한다). 그렇다고 님도 적절하지 않고, 그저 안 부르는 게 상책이다.

	2인칭 대명사 일반형	2인칭 대명사 존칭형
독일어	Du	Sie
러시아어	Ty	Vy
스페인어	Tu/Vos	Usted
이탈리아어	Tu	Voi/Lei
프랑스어	Tu	Vous
중국어	你 (니)	您 (닌)
일본어	君 (기미)	あなた (아나타)

"커피가 나오셨다"는 말이 거슬리게 들리는 이유는 우리말의 동사에 붙는 존대 어미 시가 본래 문장의 주어와 호응agree하도록 되어 있기 때문이다. 원래 시는 문장의 주어가 존대의 대상일 때 붙이는 선어말어미다. 다시 말해, 문장의 주어가 존대할 만한 사람이면 동사에 시를 붙이고, 그렇지 않으면 붙이지 않는 게 원칙이다.

{ 선생님께서 　　　　학교에 　　　가신다.
{ 동생이 　　　　　　학교에 　　　간다.

마치 영어에서 주어가 3인칭 단수일 때에 동사에 *(e)s*를 붙이는 것과 마찬가지로, 한국어의 존대 어미는 본래 주어의 성격에 따라 동사의 형태를 변형시키는 극히 문법적인 요소다.

| My sister | goes | to school. |
| I | go | to school. |

존대를 나타내는 어휘나 표현이 몇 가지 존재하는 수준이 아니라, 우리말과 같이 이렇게 존대가 확고한 문법 요소로 자리 잡은 언어는 거의 없다. 다른 나라 말처럼 주어가 단수냐 복수냐, 1인칭, 2인칭, 3인칭이냐, 혹은 여성이냐 남성이냐가 아니라, 주어가 존경할 만하냐 아니냐를 문법의 대상으로 삼는 언어가 바로 한국어다. 한마디로 한국어는 존대에 진심이다.

어디 이뿐이랴. 문장의 주어가 존경할 만한지를 신경 쓰는 동시에, 나와 현재 대화하는 상대가 존경할 만한지, 그래서 현재 말하는 상황이 격식을 따져야 하는 자리인지까지 따져봐야 한다. 똑같이 '선생님께서 학교에 가시'는 상황에 대해 말하더라도, 나의 대화 상대가 직장 상사인지, 학교 선배인지, 아니면 내 친구인지에 따라 문장 끝에 붙는 어미가 달라진다.

선생님께서	학교에	가셨습니다.
선생님께서	학교에	가셨어요.
선생님께서	학교에	가셨어.
선생님께서	학교에	갔습니다.
선생님께서	학교에	갔어요.
선생님께서	학교에	갔어.

문장이 습니다, 어요, 어 중에 어느 것으로 끝나느냐는 이 문장의 주어와는 아무런 관계가 없다. 주어는 한결같이 선생님이거나 동생이기 때문이다. 이 어미를 결정짓는 것은 문장에는 드러나지 않는 나의 대화 상대다. 문장 하나를 말하는데 주어와 나와의 관계뿐만 아니라 나와 대화 상대와의 관계까지 고려해야 하니, 한국 사람들이 나이 차이, 상하 위계에 민감한 것도 무리가 아니다. 이 복잡한 정보를 순식간에 처리하며 말을 하고 사는 게 용할 지경이다.

대화 상대에 따라 습니다, 어요, 어 등 다른 형태의 어미를 사용하는 것을 **공손법**이라고 하고, 위에서 보았듯이 동사에 시를 붙이는 것은 **존경법**이라고 한다. 선생님처럼 명사에 님을 붙인다든지, 밥 대신 진지를, 먹다 대신 드시다, 잡수시다를 사용하는 등 존대용으로 일반 어휘와 다른 어휘를 사용하는 것도 존경법에 속한다. 이에 더해, 나를 낮춤으로써 상대를 높이는 **겸양법**도 있다. 요즘은 오과 같은 겸양 어미는 거의 사용하지 않지만, 나 대신 저라고 하고, 주다 대신 드리다, 묻다 대신 여쭙다를 쓰는 것은 아직도 상당히 많이 사용되는 대표적인 겸양 표현이다.

사실 이 여쭙다도 만만찮은 스트레스 요인이다.

> 방금 김 선생님께서 저에게 여쭤보셨는데요.

바로 어제 직접 들은 말이다. 하아, 학생이 선생님께 여쭈어도 시원찮을 판에 선생님이 학생에게 여쭤보시다니 이게 될 법이나 한 말인가! 순간 미간이 찌푸려졌지만 또 참고 넘어간다. 이 학생은 스스로를 저라고 표현한 걸로 봐서 자신을 높일 의도가 전혀 없어 보인다. 그러니 김 선생님을 높이려고 여쭤보시다를 쓴 게 분명하다.

> 방금 김 선생님께서 저에게 물어보셨는데요.

라고 해야 마땅하거늘, 물어보셨다고 하면 뭔가 부족하다고 느끼는 모양인지, 여쭤보셨다고 말하는 학생이 부지기수다. 주다와 드리다도 마찬가지다. 나보고 드리시라고 말하는 학생도 많다. 묻다와 주다는 일반 단어고 여쭙다와 드리다는 뭔가 존대와 관련 있는 단어라는 인상이 있어 혼동하게 되는 것 같다. 겸양 어휘가 존경 어휘로 둔갑한 대표적인 사례다. 일종의 **과잉교정**hypercorrection 현상이다.

일이 이 지경이니, 두 어른 사이에 말을 전하는 상황에서 존대가 헷갈리는 건 나무랄 수도 없다.

> 할머니께서 아버지한테 방으로 오시래요.
> 할머니께서 아버지한테 방으로 오라세요.

이 둘 중 어느 것이 맞는 존대법일까? 오는 사람을 높여야 할까? 말하는 사람을 높여야 할까?

말하는 사람은 할머니고 오는 사람은 아버지다. 그러니 둘 중에서 한 명을 높여야 한다면 할머니를 높이는 게 마땅하다. 따라서 할머니, 즉 말하는 사람을 높인 오라세요오라고 하세요가 맞다. 오시래요오시라고 해요는 아버지를 높이고 할머니를 높이지 않은 것이니 틀리다. 모르긴 해도 맞춘 사람보다 틀린 사람이 많을 것 같은 느낌이 든다.

이쯤 되면, '이 사람 어지간한 꼰대인 모양이네. 어른한테 존대 좀 잘못했다고 작정하고 글을 썼군'이라고 생각하는 분도 계실 것이다. 오해하지 마시라. 요즘 사람들이 존대법을 제대로 못 쓴다고 한탄하려고 이 글을 쓰는 게 아니다. 그보다는 한국말의 존대가 이 정도로 까다롭다는 것을 강조하고 싶어서다. 중·고등학교 때 배운 존대법에 의하면, 두 분 다 나보다 어른이라 할지라도 제일 높은 어른께만 존대하고 나머지는 낮춰야 한다고 배운 것 같다. 그러니 아버지를 낮추는 게 맞을 터이다. 그러나 이는 요즘 정서에 맞지 않을 수도 있다. 커피도 높이는 마당에 아버지를 낮춰서야 쓰나. 둘 다 높이면 아래처럼 되는데, 글쎄, 이 문장이 자연스럽게 들리는가.

> 할머니께서 아버지께 방으로 오시라세요.

오죽하면 학교에서 시험 문제로 내야 할 정도로 존대법은 복잡하고 혼동스럽다. 그래서 좀 헷갈린다 싶으면 다 높임으로써 상향평준화해 버리는 것이 어쩌면 합리적인 선택일지 모른다. 존대해서 욕먹을 확률보다 존대하지 않아서 욕먹을 확률이 더 높으니 말이다.

사실 존대의 상향평준화는 단순한 문법 오류가 아니라 문화의 문제일 수도 있다. 요즘은 학교에서도 위 학년이 아래 학년에게 반말을 사용하는 것을 지양하는 추세다. 선배가 후배에게도 님을 붙이고 존댓말을 사용한다. 직장에서도 점점 그런 추세라고 한다. 바람직한 변화로 보인다.

> 교수님, 김이화 님이 오셨습니다.

학부 학생이 왔다고 알리는 대학원 조교의 전언이다. 흠, 교수인 내 앞에서 학생을 높이다니, 내가 아는 존대 어법에는 어긋나도 한참 어긋나지만 어쩌랴. 모두가 평등한 정의로운 세상을 구현하기 위해 또 참는다. 어법이 강제하고 있는 위계질서에 도전하는 새로운 언어 민주화 운동이 일어나고 있는지도 모르니.

그렇다. 한국어의 존대법이 바뀌고 있다. '왕'인 손님을 극진하게 대해야 하는 서비스 업종에서 과잉으로 존대하는 관례가 일반에까지 퍼진 것인지, 존대법으로 인해 재확인되고 공고화되는 상하 위계질서를 무너뜨리고자 하는 무의식적인 도전 혹은 의식적인 노력인지, 아니면 그냥 너무 복잡한 존대법을 제대로 구사하기에는 세상이 너무 빠르게 돌아가서인지 모르겠지만, 어쨌든 존대법이 상향평준화하는 방향으로 변화하고 있는 것만은 사실이다.

그렇다고 이 상향평준화도 마구잡이로 진행되는 것은 아니다. 나름의 논리와 규칙이 있다. 사실 엄밀히 말하자면, "주문하신 커피 나오셨습니다"가 꼭 커피라는 사물을 존대한다고 볼 수는 없다. 문장에 직접 드러나진 않지만 "커피가 나오셨다"고 말한 사람의 의도는 커피를 주문한 손님을 높이려는 것이라고 봐야 할 것이다. 즉, 커피라는 사물이 아니라 공손히 대해야 하는 상대인 손님에 대한 존경을 나타내는 것이다. 마찬가지로 "선생님 전화가 오셨어요"도 전화에 대한 존경을 표한다기보다는 전화를 건 사람 혹은 전화를 받을 사람이 선생님인 상황이니, 우리 같은 문화에서 감히 선생님께 반말을 쓸 엄두를 못 낸 것이다. "오늘 옷이 예쁘세요"도 당연히 옷에 대한 존경을 표한 말이 아니다. 오늘 예쁜 옷을 입고 나타난 '당신'이라는 존재가 이 말을 한 사람과의 관계상 반말을 쓸 수 없는 대상이기 때문이다. 손님이나 선생님이나 당신이 문장의 주어로 나타나지 않았음에도 불구하고 동사에 시를 붙임으로써 문장에 보이지 않는 커피나 전화나 옷의 소유주에게 확장적으로 존경을 표한 셈이다. 이런 확장적 적용 탓에, 표면적으로 주어 자리를 차지하고 있던 애꿎은 사물이 본의 아니게 존대의 대상이 되어버린 꼴이다.

정리하자면, 이전에는 존대해야 하는 사람이 문장의 주어일 때만 붙이던 시가 이제는 그 사람과 관계있는 사물이 주어일 때도 붙일 수 있도록 변하고 있다. 흥미롭게도 해당 사물과 존대의 대상인 사람의 관계가 밀접하면 밀접할수록 더 자연스럽게 들린다.

(당신은)		예쁘시네요.
(당신의)	눈이	예쁘시네요.
(당신이 입고 계신)	옷이	예쁘시네요.
(당신이 사용하시는)	핸드폰이	예쁘시네요.

손님이		나오셨어요.
(손님의 머리)	파마가 잘	나오셨어요.
(손님이 주문하신)	커피가	나오셨어요.

예를 들어, "오늘 옷이 예쁘시네요"가 거슬리게 들리던 나도 "눈이 예쁘시네요"는 그다지 거슬리지 않는다. 눈은 사람의 신체 일부이니 존대의 대상과의 관계가 옷보다 더 밀접하다고 볼 수 있겠다. 반대로 몸에 걸치는 옷과는 달리 몸에 부착하지 않는 사물인 핸드폰은 나와의 밀접도가 좀 떨어져서인지, "핸드폰이 예쁘시네요"는 듣기가 훨씬 거북하다. 같은 원리로, "커피가 나오셨어요"는 영 이상하게 들리는데, "파마가 잘 나오셨어요"는 그나마 좀 낫게 들린다. 커피는 내 신체의 일부가 아니지만 머리카락은 내 신체의 일부여서인가. 존대법의 변화에도 이렇듯 단계가 있어 보인다.

오랜만에 오프라인 매장에서 물건을 고를 일이 있었다.

> 손님한테는 이 디자인이 더 잘 어울리세요.
> 손님한테는 이 디자인이 더 잘 어울려요.

어이쿠, "이 디자인이 더 잘 어울려요"라고 했다면 살짝 언짢은 기분이 들 수도 있을 것 같다. 내 머릿속의 존대법에도 변화가 찾아온 모양이다. 뭐 그럴 수도 있지, 겁내지 말자. 언어는 항상 변한다. 그러니 규범의 대상이 아니라 기술記述의 대상으로 받아들이자. 우리말만 변하는 것이 아니고 이 세상에 존재하는 모든 언어가 다 변한다. 과거에도 변했고, 현재도 변하고 있고, 미래에도 변할 것이다. 그렇지 않다면, 세종대왕 때의 "나랏

말싸미 듕귁에 달아 문짜와로 서르 사맛디 아니할쎄"가 현재 "나라 말이 중국과 달라 문자끼리 서로 맞지 않으니"가 되었을 리 없고, 셰익스피어 Shakespeare나 제인 오스틴Jane Austen의 nice가 현재의 '좋다'는 뜻과는 전혀 다른 '보잘 것 없다, 어리석다'는 부정적인 뜻으로 쓰였다는 걸 이해할 도리가 없다.

그래도 존대법은 상향평준화되는 방향으로 가는 듯하니 그나마 긍정적이지 않은가? 나이, 지위를 불문하고 모두 존대하는 아름다운 세상이 기다리고 있으니 말이다.

하향평준화하여 다짜고짜 서로 반말을 해대는 것보다는 낫겠지……요?

머선 129?
갸가 갸가?
방언과 표준어

우리말의 의문대명사는 의미가 둘이다. 예를 들어, 무엇은 'what'이라는 뜻의 진짜 의문대명사도 되고 'something/anything'이라는 뜻의 부정不定대명사도 된다. 그래서 "너 뭐 하니?"에는 두 가지 뜻이 있다. 하나는 '무엇을 하냐', 즉 하는 것이 무엇이냐고 묻는 의문사 의문문이고, 다른 하나는 '무엇을 하냐', 즉 뭔가를 하냐 안 하냐를 묻는 판정yes-no 의문문이다. 답을 보면 차이가 확연하다. (아래 예 중에 우리말로는 뜻이 구별이 안 되는 문장들은 불가피하게 영어로 해석을 달았다.)

A: 너 뭐 하니?　　　What are you doing?

B: 책 읽어.

A: 너 뭐 하니?　　　Are you doing anything?

B: 응.

영어와는 달리 우리말의 의문사는 다 이런 식으로 이중적인 뜻으로 쓰이는데, 그래도 서로 혼동하지 않고 소통이 되는 이유는 말할 때는 문장의 억양이 다르기 때문이다. 하지만 글에서는 문맥으로 구분할 수밖에 없다.

의문사의 중의성은 우리말만의 특징은 아니다. 일본어도 마찬가지다. 일본어의 *何*[나니] '무엇'도 두 가지 뜻으로 쓰인다. 조사를 뭘 붙이냐에 따라 구분을 한다지만 조사 없이는 기본적으로 이중적이다.

何してるの?

나니 시테루노

뭐 하니?　　　What are you doing? / Are you doing anything?

중국어는 살짝 다르다. 중국어 의문사 *什么*[션머] '무엇'에도 두 가지 뜻이 있는 건 마찬가지인데, 문장에서는 이를 구분할 수 있다. 왜냐하면 중국어의 의문어미인 *吗*[마]는 의문사 의문문에는 붙을 수 없기 때문에, *吗*를 붙이면 자연히 판정 의문문이 된다.

你在做什么	What are you doing?
니 짜이 쭈어 션머	ni zai zuo shenme

你在做什么吗	Are you doing anything?
니 짜이 쭈어 션머마	ni zai zuo shenme ma?

그런데 우리말에서도 이 둘을 기가 막히게 구분할 수 있는 방언이 있다.
바로 경상도말이다.

느그 아부지 뭐 하시노

영화 〈친구〉(2001)

당시 엄청난 인기를 끌었던 영화 〈친구〉의 이 유명한 대사를 기억하시는가?

느그 아부지 뭐 하시노?	What does your father do?

이 대사는 아버지의 직업이 '무엇'이냐고 묻는 것이지, 아버지가 직업이 '있냐 없냐'고 묻는 질문이 아니다. 경상도에서는 후자의 판정 의문문을 쓰고 싶으면, 어미를 바꿔서 노가 아닌 나를 써야 한다.

느그 아부지 뭐 하시나?   Does your father do anything?

주위에 경상도 원어민이 없었던 탓에 이 차이를 논문을 통해서 처음 알게 된 나는 한참 동안 감탄을 금치 못했던 기억이 난다. 와 이렇게 체계적으로 구분을 하다니! 표준어에 존재하는 의문사의 의미 이중성을 두 개의 다른 모음의 어미 ㅗ와 ㅏ를 사용해 말끔히 해결하고 있기 때문이다. ㅗ는 의문사 의문문 어미에, ㅏ는 판정 의문문 어미에 쓴다.

tvN <올탁구나> (2022.1.31)

요즘 유행하는 "머선 129?"도 알고 보면 같은 원리다. 머선은 '무슨'의 경상도식 발음이고, 129는 '일이고'를 발음이 비슷한 숫자로 바꾸어 쓴 일종의 **동음이철어**homoglyph의 언어유희다. 많은 가게들이 전화번호에 '8282=빨리빨리'나 '1004=천사'를 사용하고, 영어에서는 '2 l8 4u=too late for you'처럼 숫자를 섞어 쓰고, 중국에서는 '520=我爱你 난 너를 사랑해'라며 5월 20일에 사랑을 고백하는 것도 다 같은 현상이다. 하여간, 이 말장난의 와중에도 경상 방언의 의문문 어미 규칙은 철저히 지켜진다. 이 질문은 '무슨'이 들어간 의문사 의문문이기 때문에 일이가라고 쓰면 틀리고 일이고라고 써야 맞다. (아래 예에서 문법에 맞지 않는 문장에는 * 표시를 했다.)

> 머선 129(일이고)?　　무슨 일이니?　　What's the matter?
> *머선 일이가?

반면에, 경상 방언 농담에 자주 등장하는 또 다른 의문문, "갸가 갸가?"는 판정 의문문이기 때문에 갸가 대신에 갸고라고 쓰면 틀린다.

> 갸가 갸가?　　걔(그 아이)가 걔니?　　Is she the one?
> *갸가 갸고?

반대로 '걔가 누구냐'고 의문사 의문문으로 묻고 싶으면 당연히 눅가가 아니라 눅고[누꼬]라고 써야 한다.

〉 갸가 눅고?   걔가 누구니?   Who is she?

〉 *갸가 눅가?

경상도 사람들은 애매모호한 것을 싫어하는 게 분명하다. 말로 구분을 확실하게 하는 거 보면. 이러한 성향은 2와 e의 구분에서도 드러난다. 표준어에서는 숫자 2와 알파벳 e는 둘 다 발음이 [이]이기 때문에 소리로는 전혀 구분이 안 된다. 그런데 경상도에서는 2와 e는 엄연히 다른 소리다. 성조tone가 다르기 때문이다. 현대 한국어는 성조가 없는 언어로 알려져 있지만, 경상 방언은 예외다. 우리말에서 성조가 가장 강하게 남아있는 말이 경상 방언이다.

JTBC 〈아는형님〉 (2018.8.18)

$$
\begin{cases}
2^e & \text{2의 e승} \\
e^2 & \text{e의 2승}
\end{cases}
$$

이 둘의 성조 구분은 경상도에서도 지역마다 조금 다른 것 같다. 강호동 씨는 2는 끝을 살짝 올리는 상승성rising tone으로 하고, e는 위에서 아래로 찍어 내리는 하강성falling tone으로 하는 것 같은데, 내가 물어본 경상도 사람마다 조금씩 다른 대답을 하는 걸 보면 지역마다 성조가 다른 모양이다. 그럼에도 변하지 않는 사실은 경상도 사람들에게 2와 e는 성조로 명확하게 구분되는 전혀 다른 소리라는 것이다. 영어 알파벳 e는 애초에 우리말이 아니었으니 처음부터 정해진 성조가 있지는 않았을 텐데, 이렇게 뒤늦게 유입된 말에도 다른 성조를 부여해 체계적으로 구분을 하다니 정말로 신기하지 않은가.

또한 경상 방언은 동사 활용도 더 규칙적이다. 예를 들어, 경상 방언에는 ㅂ불규칙동사가 다 규칙동사다. 표준 방언에서는 좁다처럼 규칙으로 **활용**conjugate하기도 하고 춥다처럼 불규칙으로 활용하기도 한다. 굽다의 경우 '등이 굽었다'의 굽다는 규칙동사이고, '빵을 구웠다'의 굽다는 불규칙동사다. 왜 어떤 때는 규칙이고 어떤 때는 불규칙인지 미리 예측할 방법이 없다. 한국 사람들이야 자라면서 자연스럽게 듣고 배우기 때문에 큰 문제가 아닐지 몰라도, 외국인이 한국어를 배울 때는 이유 없이 그냥 외워야 하는 괴로운 경우다. 우리가 영어 동사의 활용을 배울 때 왜 *glow*는

*glow-glowed-glowed*로 규칙적으로 활용하는데, 발음도 비슷한 *blow*는 *blow-blew-blown*로 불규칙 활용을 하는지 알 길이 없이 무조건 외웠던 것과 마찬가지다. 그런데 경상 방언에서는 ㅂ동사가 다 규칙동사이기 때문에 이런 고민할 필요가 없이 다 규칙적으로 활용하면 된다. 낫다와 같은 ㅅ불규칙동사도 마찬가지다.

좁다(규칙)	좁아서	좁으니까	〈표준방언〉
좁다(규칙)	좁아서	좁으니까	〈경상방언〉

춥다(불규칙)	추워서	추우니까	〈표준방언〉
춥다(규칙)	춥어서[추버서]	춥으니까[추브니까]	〈경상방언〉

굽다(규칙)	굽어서	굽으니까	〈표준방언〉
굽다(규칙)	굽어서	굽으니까	〈경상방언〉

굽다(불규칙)	구워서	구우니까	〈표준방언〉
굽다(규칙)	굽어서[구버서]	굽으니까[구브니까]	〈경상방언〉

일반적으로 우리는 소위 표준어는 더 정확하고 체계적인 말이고, 방언은 뭔가 표준어보다 비논리적이고 부족한 말이라는 편견을 가지는 경향이 있다. 그러나 사실은 정반대인 경우가 빈번하다. 위에서 살펴봤듯이 사투리라고 불리는 경상 방언은 표준 방언보다 더 체계적인 문법 규칙을 가지

고 있다. 다른 방언도 이런 면이 있을 터이다. 생각해 보면 표준어가 다른 방언보다 더 '나을' 이유가 없다. 표준어도 다른 방언처럼 한 지역의 방언에 불과한 것이지만, 그 지역의 정치, 경제적 위상으로 인해 소위 '표준'이라는 이름을 거저 얻은 것이다. 그러니 언어 내적인 특성으로 말하자면 표준 방언이 더 '표준'적일 하등의 이유가 없다. 세상의 어느 언어도 다른 언어보다 더 낫거나 더 못하지 않은 것처럼, 하나의 방언도 다른 방언보다 더 낫거나 못하지 않다. 그저 다를 뿐이다. 그리고 그 '다름'은 위의 예에서 보듯이 '다른' 규칙이 적용되는 것으로 설명이 된다.

영어도 이런 경우가 있다. 혹시 처음 영어의 재귀대명사reflexive pronoun를 배울 때 왜 'hisself'가 아니고 'himself'지? 라고 의문을 품어본 적이 있는가? 나는 중학교 때 영어 선생님께 이 질문을 했다가 그냥 무조건 외우라는 답을 듣고 무안했던 기억이 있다. 참 이상하지 않은가. 다른 인칭은 다 소유격 *my*, *your*, *our*에다 self를 붙였는데, 유독 3인칭 단수 남성 *himself*와 3인칭 복수 themselves만 목적격 *him*, *them*에다 *self*를 붙인다(*her*는 소유격도 되고 목적격도 되는 깍두기니 논외로 친다). 여기에 무슨 심오한 이유가 있는 것이 아니고, 그저 역사적 우연으로 그리 되었을 뿐이다. 중학교 영어 선생님께서 대답을 안 하신 이유가 있다. 답이 없기 때문이다.

그런데 영어의 남부 방언에서는 신통하게도 *himself* 대신 *hisself*를 쓰고,

themselves 대신 *theirselves*를 쓴다. 이 방언에서만큼은 '영어의 재귀대명사는 소유격에 *self*를 붙인다'는 일관성 있는 규칙이 예외 없이 적용된다. 모르긴 몰라도 이 지역의 조상들은 논리적인 것을 엄청 따지는 깐깐한 사람들이었을 것 같다.

			〈표준어〉	〈방언〉
I	my	me	myself	myself
you	your	you	yourself	yourself
she	her	her	herself	herself
he	his	him	**himself**	**hisself**
we	our	us	ourselves	ourselves
you	your	you	yourselves	yourselves
they	their	them	**themselves**	**theirselves**

이뿐이 아니다. 표준어의 2인칭 대명사 *you*는 또 어떤가? 헷갈리게시리 단수도 *you*고 복수도 *you*다. 문맥 없이 그냥 *you*라고 하면 이게 한 명을 가리키는 건지 여러 명을 가리키는 건지 알 턱이 없다. 단수/복수에도 큰 관심이 없고 대명사에도 그다지 관심이 없는 우리말도 단수는 너, 복수는 너희로 따박따박 구분하는데, 단수냐 복수냐를 그렇게 따지는 영어에서 이게 웬일인지 모르겠다.

아니나 다를까 이런 불편함을 해소해 주는 방언들이 있다. 방언에 따라서 복수 you 대신에 *you guys*, *y'all* you all, 혹은 *yous*를 사용한다.

	〈표준어〉	〈방언〉
단수	you	you
복수	you	you guys
		y'all (you all)
		yous

2인칭 복수 대명사에 이렇게 여러 가지 변이형이 있다는 말은 이 언어에서는 그만큼 이 단수/복수의 구분이 필요하다는 뜻일 것이다. 예측컨데, 한 백 년만 지나도 영어의 2인칭 복수 대명사가 달라져 있을 것 같다는 느낌이 든다. 개인적으로 *yous*가 제일 마음에 들지만 어떻게 될지는 두고 볼 일이다. 원래 언어는 논리적인 동물이 아니라서 예측이 불가능하다. 이 중 어떤 형태가 끝내 살아남아서 영어의 2인칭 복수 대명사의 자리를 차지할지 궁금하다. 너무 궁금한 나머지 사실 좀 지나치게 오래 살아서 확인하고 싶은 욕심마저 생긴다.

위에서 보았듯이, 표준방언이 다른 지역 방언보다 더 규칙적이라는 법은 없다. 표준방언이 표준어가 된 이유는 다른 방언보다 언어 체계상 더 표준적이어서가 아니다. 그저 그 지역이 다른 지역보다 정치, 경제, 사회, 문화적으로 파워가 있어서다. 그래서 보통 각 국가의 수도 지역에서 쓰는 말이 표준어가 되는 것이다. 이런 면에서 언어는 정치다.

이 세상에는 대략 7,000여 개의 각기 다른 언어들이 존재한다고 한다. 7,000여 개라고 하지만 사실 학자마다 주장하는 개수가 다르다. 어떤 이는 6,000이라고 하고 어떤 이는 8,000이라고 한다. 숫자 하나 제대로 못 세냐고 물을 수 있지만, 사실 언어의 수를 세는 일은 생각만큼 쉬운 일이 아니다. 한 해에도 몇 개씩 멸종하는 언어들 때문에 숫자가 자꾸 줄어들어서이기도 하지만, 더 큰 이유는 한 집단이 쓰는 말이 한 언어의 방언인지 아니면 다른 새로운 언어인지 구분하기가 쉽지 않기 때문이다. 이를 방언으로 보냐, 언어로 보냐에 따라 전체 언어의 숫자가 오락가락하게 된다.

기본적으로, 발음이나 어휘에 차이가 좀 있긴 하지만 서로 알아들을 수 있으면 같은 언어라고 하고, 서로 알아들을 수 없으면 다른 언어라고 부르는 게 상식이다. 예를 들어, 중국의 광동 지방이나 홍콩에서 쓰는 광동어Cantonese는 중국 표준어인 보통어Mandarin와는 발음이 완전히 다른 말이라, 따로 배우지 않으면 서로 의사소통이 불가능하다. 서로 못 알아듣는다. 그래서 대부분의 언어학자들은 이 둘이 다른 말이라고 생각하지만, 중국에서는 광동어를 방언의 일종으로 취급한다. 마찬가지 이유로 우리말의 제주 방언도 다른 언어로 봐야 한다고 주장하는 학자도 있다. 반면, 구유고슬라비아 지역의 언어인 세르비아-크로아티아어Serbo-Croatian는 서로

다 알아듣는 말이기 때문에 어느 모로 보나 하나의 언어임이 확실하지만, 국가 분립 이후 현재는 세르비아어, 크로아티아어, 보스니아어, 몬테네그로어라는 4개의 각각 다른 이름이 붙은 다른 언어로 불린다. 어느 나라에서는 다른 언어가 방언이라고 불리고, 어느 나라에서는 방언이 다른 언어라고 불린다.

이와 관련하여 러시아의 유태인 언어학자 막스 바인라이히Max Weinreich가한 유명한 어록이 있다.

A language is a dialect with an army and navy.
언어란 군대(육군과 해군)을 갖춘 방언이다.

즉, 방언이냐 언어냐의 차이는 말 자체의 차이라기보다는 언어 외적인 요인, 즉 정치적인 차이라는 말이다.

흠, 그렇다면 북한말인 문화어는 한국어의 방언인가, 아니면 다른 언어인가? 서로 말은 분명히 통하지만 각각 군대를 갖췄는데….

이 머선 말29?
북한말도 당연히 한국어지!
갸가 갸 아이가?

한글은
한국어가 아니다
K-문자 한글

한글날이 되면 언론에 오르는 단골 기사 거리가 있다. 예를 들면 이런 것이다.

'한글날 맞아 '쉽고 바른 우리말' 알려요.'
각종 공문서 및 대중 매체에서 사용하는 언어 등에서 어려운 외국어가 종종 등장하는데, 이해하기 어려운 부분을 우리말로 바꿔 나가자는 취지에서…. 특히 비말(침방울), 코호트 격리(동일 집단 격리), 드라이브 스루(승차 진료소), 팬데믹(감염병 세계적 유행), 진단 키트(진단 도구), 언택트(비대면) 등을 상세히 알려주고 있다.

'한글날을 맞아 신조어보다는 한글의 의미 그대로를 담은 '본래어'를 사용하며 세종 대왕의 큰 뜻을 되새겨 보면 어떨까?'

20대 '최애' 신조어로 46.6%의 비율을 보인 '존맛탱, 존맛, JMT'가 1위를 차지했다. 이어 '개OO, 핵OO, 존OO' 38.7%로 2위, 3위는 'TMI' 34.9%, 4위는 '~각' 20.4% 순이다. 기타 '헐, 헐랭', '1도', '불금' 등도 순위권에 들었다.

이러한 한글날 특집 기사의 취지는, 한글날을 맞아 세종대왕의 뜻을 받들어, 외래어나 외국어를 사용하지 말고 쉽고 바른 우리말을 사용하자, 또 신조어를 분별없이 만들어내어 우리말을 '파괴'하지 말자는 것이다.

이런 기사를 접할 때마다 고개를 갸우뚱하게 된다. 외국어나 외래어, 혹은 신조어를 남용하지 말자는 의견에 반대해서가 아니다. 나도 외국어와 신조어가 지나치게 남발되는 현재의 언어 사용 현실이 좀 거북스럽긴 마찬가지다. 다만, 그것이 한글 사용과 무슨 상관이지? 라는 의문이 들기 때문이다. 외래어와 한글, 신조어와 한글이 마치 서로 대척점에 있는 것처럼 가정하는 것이 이해가 되지 않아서다. 위의 기사 예시처럼 일반적으로 팬데믹 같은 외국어도 한글로 표기하고, *최애* 같은 신조어도 한글로 표기하기는 하는데(알파벳으로 표기한 *JMT*와 *TMI*는 예외이지만), 외래어와 신조어 사용이 마치 한글 사용에 반대되는 행위인 것처럼 말하니 말이다.

물론 외래어나 외국어를 아래 외국문자 표기의 예처럼 한자로 쓰거나 로마자 알파벳으로 쓰면 그건 한글 사용에 배치되는 일이다. 그러나 외래어나 신조어 사용은 엄밀히 따져보면 한글 사용에 반대되는 것이 아니라 고유 한국어 사용에 저촉되는 일일 것이다. 사실 '고유' 한국어라는 표현에도 어폐가 있다. 위의 기사에서 대안으로 제시한 괄호 안의 단어들, 즉 동일 집단 격리, 승차 진료소, 진단 도구 등도 침방울을 제외하곤 모두 원래 한자어이기 때문이다. '기존'의 한국어라는 표현이 더 맞겠다. 따라서 위의 기사에서 주장하는 것은 한글 사용과는 아무 관계가 없고, 새로운 외국어/외래어나 신조어를 쓰지 말고 원래 있던 말을 쓰자는 것이다. 일종의 국어 순화운동이다.

외래어/외국어의 표기

최근 도입 외래어/외국어		기존 한국어	
한글 표기	외국문자 표기	한글 표기	외국문자 표기
비말	飛沫	침방울	
코호트 격리	Cohort 隔離	동일 집단 격리	同一 集團 隔離
드라이브 스루	Drive-through	승차 진료소	乘車 診療所
팬데믹	Pandemic	세계적 유행	世界的 流行
진단 키트	診斷 Kit	진단 도구	診斷 道具
언택트	Untact	비대면	非對面

신조어의 표기

한글 표기 (아라비아 숫자 포함)	외국문자 표기
최애	最愛
존맛탱, 존맛	JMT
개ㅇㅇ, 핵ㅇㅇ, 존ㅇㅇ	核ㅇㅇ
	TMI
ㅇㅇ각	ㅇㅇ角
헐, 헐랭, 1도, 불금	一도, 불金

물론 우리말의 경우, 글인 한글과 말인 한국어를 구별하지 않고 혼용해
서 지칭하는 것이 이해가 안 되는 건 아니다. 한글과 한국어의 관계는 거
의 한 몸과 같아서 서로 떼어 생각하기 어려운 것이 사실이다. 한글은 우
리 세종대왕님께서 한자에 충분히 담아내지 못하는 우리말 한국어를 글
로 제대로 표기하기 위해 고안하신 한국어 맞춤형 문자다. 그리고 한국어
이외에는 한글이라는 문자를 쓰는 언어가 (거의) 없기 때문에 '한글=한국
어'라는 공식이 자연스럽게 성립되었는지도 모르겠다. 심지어 외국인들
에게 한국어를 가르치는 기관에서도 '한글은 한국의 언어'라고 소개하는
경우가 비일비재하니 일반인이 굳이 구별을 안 하는 것은 당연한 지도 모
르겠다.

한글은 그 이름에 그대로 드러나 있듯이 어디까지나 '글'이다. 즉, 한국어

라는 우리 언어를 담아내는 문자 체계이지 우리말인 한국어 자체를 가리키는 것이 아니다. 다시 말해, 한글과 한국어는 엄연히 다른 것이다. 만일 한글이 한국어라면, 한글이 창제되기 전에는 우리가 한국말을 사용하지 않았단 말인가? 1443년 세종대왕이 집현전 학자들과 (혹은 단독으로) 한글을 창제하기 전과 그 이후에도 꽤 오랫동안 우리가 한자라는 문자 체계를 사용했는데, 그렇다고 해서 우리가 중국어로 말한 것이 아닌 것과 같은 이치다. 훈민정음의 서문에도 "나랏말싸미 듕국에 달아," 즉 우리말이 중국어와 다르다고 하지 않았던가. 한자를 변형한 향찰, 구결, 이두 등의 문자 체계를 사용했을 때에도 한국어가 아닌 다른 말을 사용한 것이 당연히 아니다. 우리는 항상 한국어로 말하고 있었지만 문자 체계가 한자에서 한글로 바뀌었을 뿐이다.

다른 예로, 우리에게도 익숙한 영어의 문자인 알파벳을 살펴보자. 우리가 흔히 '알파벳'이라고 부르는 알파벳은 로마자, 즉 라틴 알파벳Latin/Roman Alphabet으로 어림잡아 약 1,000여 개의 언어가 그들의 문자로 채택하고 있는 글자 체계다. 사실 알고 보면 영어도 게르만족이 앵글로색슨 시절에 쓰던 룬Rune 문자에서 로마 제국의 문자인 라틴 알파벳으로 갈아탄 것이다. 로마자 알파벳의 기원을 거슬러 올라가보면, 그리스 알파벳Greek Alphabet과 키릴 알파벳Cyrillic Alphabet으로, 더 위로 올라가면 아라비아 알파벳Arabic Alphabet과 연결되어 있다.

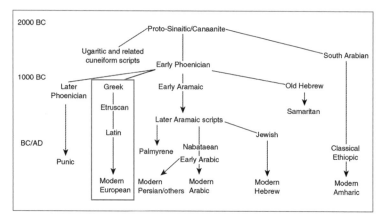

Andrew Robinson.*Writing and Script: A Very Short Introduction* (2009)

유럽 언어 중에서 그리스어는 '알파벳'이라는 이름의 기원이기도 한 알파 α와 베타β로 시작하고 우리가 수학 시간에 봤던 파이π, 시그마σ와 최근 코로나 유행으로 익숙해진 델타δ와 오미크론ο 등의 글자를 포함하고 있는 그리스 알파벳을 사용하고 있고, 러시아 및 몇몇 동유럽 국가들은 그리스 알파벳을 기본으로 이에 자모를 더 추가하고 변형한 키릴 알파벳을 사용하지만, 이들을 제외하면 현재 영어를 포함한 대부분 유럽의 언어들이 로마자 알파벳을 채택해 사용하고 있다.

키릴 알파벳 〈Wikipedia〉(위); 그리스 알파벳 〈hmolpedia〉(가운데);
로마자 알파벳 〈Wikipedia〉(아래)

그리고 이런 유럽의 언어뿐만 아니라, 말레이어, 베트남어, 소말리아어, 스와힐리어, 터키어, 필리핀어 등도 로마자 알파벳을 사용하고 있다. 만일 문자와 언어를 구별하지 않고 알파벳과 영어를 동일시한다면, 로마자 알파벳을 쓰는 1,000여 개의 언어를 모두 같은 말이라고 부르게 되는 황당한 일이 벌어질 것이다.

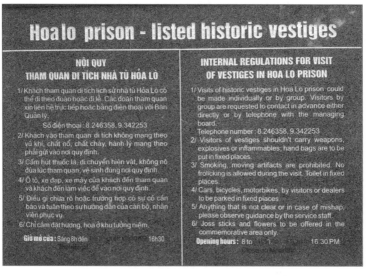

로마자 알파벳을 사용한 베트남어(왼쪽); 로마자 알파벳을 사용한 영어(오른쪽)
〈https://commons.wikimedia.org/wiki/File:HoaloHaNoi070720091321.jpg〉

이와는 반대로, 같은 언어인데 다른 문자를 쓰는 경우도 있다. 구 유고슬라비아 지역이자 현재는 세르비아, 크로아티아, 보스니아 헤르체고비나,

몬테네그로로 분리된 국가들에서 사용하는 세르비아-크로아티아어Serbo-Croatian는 세르비아어, 크로아티아어, 보스니아어, 몬테네그로어라는 다른 이름으로 불리지만 사실상 하나의 언어다. 이들은 서로 알아들을 수 있고, 이들 간의 차이는 다른 언어의 방언 간의 차이만큼도 나지 않기 때문이다. 그러나 이들의 언어적 공통점과는 전혀 무관하게, 민족적, 종교적, 정치적 이유로 다른 언어라 주장되고 다른 언어로 불린다. 심지어 다른 문자를 쓴다. 크로아티아어는 로마자만을 사용하는 반면에, 나머지는 키릴 문자와 로마자 문자를 둘 다 사용한다.

전 세계에는 6,000~8,000종의 언어가 존재하는데 이 중 글자 체계를 가진 언어는 4,000여 종에 불과하다. 나머지 약 2,000~4,000여 개의 언어에는 글자가 없다. 그렇다고 이들의 말이 언어가 아닌 것이 아니지 않은가. 인도네시아의 찌아찌아어도 고유의 글자가 없는 2,000~4,000여 언어 중 하나였다. 10여 년 전쯤인가, 찌아찌아족이 자신들의 언어를 담아내는 문자 체계로 한글을 사용하기로 했다는 뉴스를 접한 적이 있다. 너무나 당연한 얘기지만, 한글을 사용한다고 해서 찌아찌아어가 한국어가 되는 것이 아니다. 찌아찌아어가 한글로 쓰여있다고 해서 우리가 그 말이 무슨 뜻인지 이해할 수 없는 것과 같은 이치다. 다음에 한글로 쓰여진 찌아찌아어의 이야기가 무슨 뜻인지 이해할 수 있는가? 이것이 말과 글을 구별해야 하는 이유다.

바짜안 ○○●

푸룸불레아우 이 다라땀, 인다우 아파**바**이소 하떼우 티아
아소 이소오." 라자 노떼르띠푸 마이 아깔라노 껠린찌 뽀
올리 노뽀올바모 꾸라꾸라 나만따라에 이 다라땀.

박주 모이아 노까라또 이 다라땀, 꾸라꾸라 노뽀올바모
껠린찌. "마림바 뽀올리 파**바**에 하뗄, 이끼까 하루스 세게
라 따판쏠레 이 이스따나." 껴무디안 껠린찌 노뽀가우.
"이소오 꾸라꾸라 보도! 비나땅 푸라에 빠깔루아라노 하떼
노? 뽈라이!" 껠린찌 노루수모 이 올알로노 올라분또우.
껴무디안 꾸라꾸라 노판쏠레모 이 따이 삼밀 노께에.

50

〈중앙일보〉 "한글이 사라질 뻔한 말도 구해, 전설이 이뤄졌어요" (2009.8.9)

이처럼 문자와 언어는 일대일 대응이 아니다. 한국어와 한글처럼 언어와
문자가 일대일로 대응하는 경우는 실제로 상당히 드물다. 우리 민족처럼
세종대왕 같은 비범한 분이 계셔서 (다른 문자를 참고했든 안 했든 간에)
하나의 언어를 위해 글자 체계를 아예 완전히 새로 만든다는 것은 거의 기

적과도 같은 일이기 때문이다. 위의 알파벳의 예에서 보았듯이 보통 기존에 있는 다른 문자를 자기 언어에 맞게 변형해서 쓰지, 우리처럼 아예 처음부터 인위적으로 만든 경우는 매우 드물다. 한글에 대한 자부심은 단순히 '국뽕'으로 치부할 영역이 아니다. 특별히 민족적 자긍심을 내세우지 않더라도, 학술적 입장에서 객관적으로 봐도 한글은 자타공인, 명실공히 이 세상에서 가장 우수한 문자 체계임에 틀림이 없다. 글자 하나하나가 조음기관의 조음 모양과 방식을 반영하고 있는 것도 신기한데, 각 글자가 한 음소를 나타낼 뿐만 아니라 음소가 모인 음절도 시각적으로 표현할 수 있는 엄청나게 체계적인 문자다.

언어학을 전공한 나는 유학 시절에 한글에 관한 얘기만 나오면 괜시리 어깨가 으쓱해졌었다. 문자 체계에 대한 책을 읽거나 발표를 들을 때마다 한글이 세계에서 최고로 과학적인 글자 체계라는 평가를 어렵지 않게 확인할 수 있었기 때문이다. 한글이 워낙 체계적이고 과학적인 문자 체계인지라 언어학자들 사이에서는 한국어를 모르더라도 "한국으로 가는 비행기 안에서 한글을 완벽하게 익히지 못한다면 그 사람은 언어학자로서의 자격이 없다"는 우스갯소리가 있을 정도다. '슬기로운 사람은 하루 아침을 마치기 전'에 한글을 익힐 수 있다고 큰소리 친 정인지鄭麟趾의 주장과 일맥상통하는 말이다. 또한 언어학도들은 국적과 모국어에 상관없이 10월 9일에 작은 파티를 열기도 하는데, 한글날이 언어와 관련된 세계 유일의 휴일이라서다. 그래서 한글날이 잠시 동안 휴일에서 배제되었을 때 이 한국 언어학자의 긍지에 살짝 금이 가기도 했었다.

다시 한 번 말하지만, 외국어/외래어의 차용이나 신조어의 양산은 한글 사용과는 별개의 문제다. 위에서 언급했듯이, '쉽고 바른 우리말'을 사용하자며 대안으로 제시된 괄호 안의 표현들도 '고유'의 우리말은 아니다. 침방울을 제외하고는 다 한자어이니, 분명 과거의 언제인가 우리말에 유입되었거나 아니면 이미 유입된 한자를 이용해 우리식으로 조합한 어휘임에 틀림없다. 그러나 이것들은 이미 오래전에 한국어의 일부가 된 단어들이라 누구도 '본래' 우리말이 아니라고 시비 거는 사람이 없을 뿐만 아니라 한글날 캠페인에 '쉽고 바른 우리말'로 등장할 정도로 확고한 위치를 차지하게 된 것이다. 사실 특별히 지적하지 않으면 본래 한자어였는지도 모르고 넘어가기 십상이다.

한자 혼용의 예
⟨조선일보⟩ (1970.9.5)(왼쪽); ⟨경향신문⟩ (1983.3.16)(가운데); ⟨동아일보⟩ (1992.8.11)(오른쪽)

진정으로 우리 고유의 문자인 한글을 사랑하자는 취지를 살리려면, 외국어나 신조어를 언급할 게 아니라, *AI, PC, SNS, TV, UN* 등 로마자를 한글에 섞어 사용하는 것을 경계할 일이다. 이전에는 한자를 혼용해서 사용했다면 이제는 로마자를 혼용해서 사용하는 빈도가 점점 늘고 있다. *MZ*세대나 *MBTI*처럼 고유명사는 어쩔 수 없다 하더라도, 다음 기사에서처럼 섹션 제목 *THE INFLUENCER*나 본문 중에 *K-Culture*를 로마자 알파벳으로 표기하는 건 좀 다시 생각해 봐야 하지 않을까?

키워드 검색량 분석 플랫폼 블랙키위의 권기웅·나영균 대표는 "'MBTI'를 키워드로 하는 PC·모바일 검색량이 꾸준히 증가해 지난 10월의 경우 사상 최대인 93만 건율 기록했고, 이번 달에는 약 100만 건에 달할 것으로 예측된다"라고 말했다. 이어 "나이별 검색 비율을 분석해보면, 20대가 40%로 가장 많고 10대와 30대도 각각 23%, 22%를 차지해, MZ세대를 중심으로 MBTI가 큰 인기를 얻고 있는 것으로 분석된다"라고 전했다.

MBTI가 큰 인기를 끌면서 최근 유튜브 등 각종 SNS에서는 MBTI 유형별 행동과 반응의 차이를 다루는 콘텐츠가 급증하고 있다. 특히 유튜브 플랫폼 안에서 MBTI가 하나의 장르로 인식되고 기존 유튜버들도 너도나도 MBTI 콘텐츠를 새롭게 선보이면서, 'MBTI 전성시대'라는 말이 나올 정도다.

구독자 18만 명을 보유한 채널 '에익쿠'는 MBTI 콘텐츠를 다루는 대표적 채널이다. K-Culture 플랫폼 보이스 오브유가 제공하는 인플루언서 랭킹(IMR) 자료에 따르면, 올해 4월 'INFP(인프피)들의 피곤한 인생 모음' 영상을 게재하며 활동을 시작해 4개월만인 지난 8월 구독자 10만 명을 돌파하는 저력을 보였다. 48개 영상에 대한 누적 조회 수는 2천만 회, 영상당 평균 조회 수는 35만 회로 구독자 수를 훌쩍 뛰어넘는다.

로마자 혼용의 예
〈디지털타임스〉 "[THE INFLUENCER] MZ세대 첫인사, MBTI 뭐예요?" (2021.11.20)

여기서 잠깐, 그런데 왜 약어는 흔히 로마자 알파벳으로 쓰는 것일까. 비교적 최근에 유입된 *AI*나 *SNS*는 논외로 하더라도, 우리말에 오랫동안 자리 잡고 있던 *PC*나 *TV, UN* 같은 약어도 왜 한글로 안 쓰고 굳이 로마자 알파벳으로 표기하는 것일까? 한글에 약어 표기 능력이 없는 것도 아닌데 말이다. 한글도 로마자 알파벳과 마찬가지로 음소 단위를 표시할 수 있는 표음문자이기 때문에 영어처럼 첫 글자 표기가 가능하니, 비슷한 소리를 내는 자소로 바꿔 쓸 수 있을 것이다. 예를 들어 *PC*를 ㅍㅆ로, *TV*를 ㅌㅂ로, 자소 대 자소의 대치가 가능하다(ㅂ이 v와 다른 소리라는 건 잠시 모른 척 하자). 그런데 *UN*의 경우는 잠시 고민하게 된다. U를 초성인 ㅇ으로 바꿔서 ㅇㄴ이라고 해야 할지 모음인 ㅠ로 바꿔서 ㅠㄴ이라고 해야 할지 바로 판단이 안 선다. 한글에서는 자음으로 시작하지 않는 모든 음절의 모음 앞 초성 자리에 무조건 ㅇ을 붙이도록 되어있기 때문이다. 모든 모음을 초성 ㅇ으로 바꾸면 모음 간에 서로 구별이 안 될 테니 차라리 모음 ㅠ로 바꾸는 것이 나으려나. 그런데 중성만을 쓰는 법은 없지 않나. 이거 생각보다 쉬운 문제가 아니다.

로마자 표기	한글 표기 (자소)	한글 표기 (음절)
AI	ㅇㅇ / ㅔ ㅏ	에이아이
PC	ㅍㅆ	피씨
SNS	ㅅㄴㅅ	에스엔에스
TV	ㅌㅂ	티비
UN	ㅇㄴ / ㅠㄴ	유엔

만일 우리가 이 약어 표기 문제를 초성으로 합의하더라도 초성만 쓰는 것

은 어차피 우리 한글 표기 방식에 어긋난다. 요즘은 '초성체'라 하여 일부러 첫 글자만 따서 쓰기도 하지만, 그것은 일종의 게임처럼 재미있으려고 하는 언어유희이지 한글의 일반적인 표기 방법은 아니다.

ㄲㄲㄴㅃㅃ	낄끼빠빠	낄때 끼고 빠질 때 빠지다
ㅇㄱㄹㅇ?	이거 레알?	이거 진짜야?
ㅇㅁㅇㄱ	안물안궁	안 물어봤고 안 궁금하다
ㅇㅈ?	인정?	

우리말은 본래 음소 2~4개가 모아진 음절 단위로 표기하기 때문이다. 그렇다면 음소 표기를 포기하고, *PC*나 *TV*나 *UN*을 음절로 읽어서 *피씨*나 *티비*나 *유엔*으로 표기할 수 있을 것이다. 이들의 경우에는 *피씨*나 *티비*나 *유엔*이 그리 나쁜 선택이 아닐지 모르나, *AI*나 *SNS*의 경우를 생각해보자. *AI*는 에이아이가 되고 *SNS*는 에스엔에스가 되어 갑자기 길이가 두 배가 된다. 에이아이라고 4글자로 쓰려면 뭐하러 애초에 약어로 줄이겠는가. 차라리 인공지능이라고 쓰는 게 가독성이 훨씬 좋아 보인다. 아마 이러한 경제성 때문에 약어의 경우 로마자로 표기하게 되는 것인지 모르겠다.

이처럼 한글 사용은 한국어의 순화와는 근본적으로 별개의 문제다. 우리가 진정으로 한글 사랑을 외치며 한글 사용만을 고집하고 싶다면, 한글날마다 통탄해야 할 문제는 위의 기사처럼 외래어나 신조어를 들이지 말자는 것이 아니다. 오히려 이 단어들을 로마자나 한자로 표기하지 말고 한글로 표기하자고 해야 마땅하다.

그러나 또 다른 한편으로 생각해 보면, 이 둘이 별개의 문제가 아닐지도 모른다는 의심이 들기도 한다. 우리가 이렇게 외국어를 누워서 떡 먹듯이 쉽게 들여오는 원인이 다름 아닌 바로 한글 때문일 수도 있다는 생각이 들어서다. 역설적으로 한글의 우수성은 외국어/외래어나 신조어를 쉽게 표현할 수 있다는 데에 있는지도 모른다. 다시 말해, 한글이 외국어를 들리는대로 표기하기 용이한 문자여서 누구나 어려움 없이 옮겨 쓸 수 있기 때문에 우리가 아무 때나 외국어를 들여오는 것인지도 모른다는 말이다. 이 점은 이웃하고 있는 중국의 문자인 한자漢字나 일본의 가나かな 문자와 비교해 보면 더 확연히 드러난다. 음소phoneme를 자소grapheme로, 즉 소리를 글자로 일대일 표기할 수 있는 표음문자phonography인 한글은 외국어의 발음을 훨씬 쉽고도 비슷하게 표현할 수 있는 문자다. 소리가 아니라 의미를 단위로 표기하는 표의문자logography인 중국어 한자와 비교하면 그 차이가 확실히 드러난다. 중국어의 경우에는 외국어를 표기할 때 소리를 아예 포기하고 뜻만 따오는 경우도 많다. 예를 들어, 핫도그hotdog를 hot '뜨겁다'는 뜻의 热와 dog '개'를 의미하는 狗를 붙여서 热狗[르어고우]라고 표기한다. 우리말에서는 한때 보신탕을 이렇게 표현한 유머가 있긴 했었지만, 중국어에서는 절대 농담이 아니다. 우리 대한민국의 수도 서울도 요즘은 首尔[쇼우얼]이라고 제법 비슷한 발음으로 표기하지만 이전에는 汉

城^{한성}[한청]이라고 표기했었다. 2005년 우리의 요청으로 汉城에서 首尔로 표기를 바꿀 때, 중국에서는 우리가 중화문화권에서 벗어나려는 민족주의적 시도로 우리 수도의 이름을 바꿨다는 어처구니없는 주장의 기사를 봤던 기억이 난다. *Coca Cola*의 표기인 *可口可乐*[커코우컬러]처럼 소리도 비슷하고 '입에 즐겁다'는 의미도 덧붙인 센스있는 음차도 있긴 하지만, 표의문자로 음을 제대로 표시한다는 것은 근본적으로 쉬운 일이 아니다.

외국의 패스트푸드 음식점명인 McDonald's를 한국어의 한글과 일본어의 가타가나와 중국어의 한자로 각각 표기한 것을 비교해 보자.

알파벳	M	a	c		D	o	n	a	l		d		s
한글	ㅁ	ㅐ	ㄱ		ㄷ	ㅗ	ㄴ	ㅏ	ㄹ		ㄷ	ㅡ	
가나	マ 마		ク 그		ド 도	ナ 나		ル 루		ド 도			
한자	麦 마이				当 당			劳 라오					

음절문자_{syllabary}인 일본어의 가나는 소리를 음소 단위로 표기하지 못하고 음절 단위로만 표기가 가능하기 때문에 자음과 모음을 따로 뗄 수 없다. 더구나 *c*나 *l* 같은 종성은 허용하지 않는다. 그래서 자음과 모음을 합쳐서 한 글자가 되는 *マクドナルド*[마그도나르도]가 최선이다. 중국어의 한

자로는 음을 그대로 따오지 못하고 소리를 적당히 가차한 麦当劳[마이당라오]라고 쓰는데, 가장 비슷한 소리로 음차 한다 해도 [마커도나얼도]가 될 가능성이 크다. 일본 문자나 중국 문자나 둘 다 음소 단위로 자소를 분리할 수 없는 문자의 특성으로 인해 비슷한 소리로 표기하기가 매우 어렵다. 반면에, 음소 단위 표기가 가능한 한글은 원음 [맥도날ㅈ]의 발음에 가장 가까운 소리로 표현할 수 있다. 우리가 맥도날즈라고 쓰지 않는 건 불가능해서가 아니라 불필요하다고 생각하기 때문이다.

외래어뿐만 아니라 신조어의 양산도 한글의 특성 때문인지 모른다는 의심이 든다. 기존의 단어를 이리저리 자르고 붙이는 신조어의 경우에도, 음소 단위 표기뿐만 아니라 음절 단위 쓰기 양식도 장착한 한글이 같은 표음문자인 로마자 알파벳보다 **단어복원력**recoverability에서 훨씬 앞서기 때문에 신조어를 만드는 게 쉬운 것일 수도 있다. 다시 말해, 자르고 줄여도 원래의 단어를 추측하는 게 상대적으로 더 쉬워서 마음 놓고 줄인다는 뜻이다. 한글은 언어유희에도 적당한 문자라는 말이다. 쉬운 예로 존맛탱과 *JMT*를 비교해 보면, 한글과 로마자 알파벳이 3개의 글자character 공간에 담을 수 있는 소리 정보량의 확연한 차이를 금방 확인할 수 있다. 알파벳인 *JMT*는 3개의 글자 공간에 3개의 자음 jmt밖에 담지 못하지만, 한글인 존맛탱은 3개의 글자 공간에 자소를 쌓아올린 3개의 음절을 담아내기 때문에 총 9개의 음소 정보 ㅈㅗㄴㅁㅏㅅㅌㅐㅇ를 전달할 수 있다. 전달 가능한 정보량이 3배다. 원래 단어에 대한 정보량, 즉 원래 단어가 뭐였는지에 대한 힌트가 적은 JMT는 원래의 단어로 복원해서 이해하려고 시도할 때 그만큼 정확성이 떨어진다는 뜻이다. 존맛탱이 아니라 자물통으로 복원될 수도 있고, 혹은 '정말 못생긴 탈바가지'로 복원될 수도 있다. 예를 들자면 그렇다는 소리다.

J	M	T
존	맛	탱

J	M	T
자	물	통

J		M		T			
정	말	못	난	탈	바	가	지

이처럼 한국 사람들은 한글이라는 문자 체계 때문에(덕분에?) 외래어나 신조어를 빨리 차용하는 것인지도 모르겠다. 우리가 이웃하는 중국이나 일본보다 세계화에 더욱 개방적이고 수용적인 태도를 보인다고 하는데, 물론 민족성이나 체제나 문화의 차이로 인한 원인이 크겠지만, 그 외에도 우리가 쓰는 한글이라는 문자와 무관하지 않을지도 모른다는 생각이 든다. 좋고 나쁘고를 떠나서 말이다. 또한 이런 저런 모양으로 다양한 신조어를 만들어내는 것도 다양한 소리를 유연하게 표기할 수 있는 한글의 창의적 응용력 때문일 수도 있다. 만일 한글이 창제되지 않아서 우리가 아직도 한자를 사용하고 있다면, 아마도 현재 외래어나 신조어를 이렇게 왕성하게 쓰지 않을지도 모른다. 만일 외래어/신조어의 수용과 한글의 사용 사이에 진정한 상관관계가 있다면, 죄송한 말씀이지만 우리가 영어를 많이 사용하는 것도, 이상한 신조어를 계속 만들어내는 것도 다 세종대왕님 탓이다.

그러니 한글날에 너무 신경을 곤두세우지 말자. 한글 덕분에 몇천 개의 글자를 생으로 외우지 않아도 되어 문맹률로는 1% 이하의 세계 최하위를 자랑하고 있지 않은가. 그저 존경을 담아 진심으로 감사하자. 수백 년 전 한 분의 혜안으로 지금 과분하게 편안하고 우월한 현실을 누리고 있으니.

세종대왕 만세!

알아두면 쓸데 있는 신박한 언어상식
문자

문자의 종류는 개별 글자로 표시하여 나타내는 최소 단위가 무엇이냐에 따라 다음과 같이 나뉜다. 우선, 한 글자가 의미를 가진 형태소morpheme 단위를 나타내면 표의문자 morphographic writing라 하고, 의미와 관계없이 소리phone를 표시하면 표음문자phonographic writing라 부른다. 표의문자는 대부분 고대 상형문자가 발전한 형태이며 수메르의 설형문자 cuneiform, 마야 문명의 상형문자glyph, 이집트의 상형문자hieroglyph, 그리고 중국어의 한자 漢字와 일본어의 간지漢字가 이에 속한다. 표음문자는 글자가 나타내는 구체적인 소리 단위가 무엇이냐에 따라 더 세분되는데, 한 글자가 한 음절을 대표하면 음절문자syllabary, 한 글자가 그보다 작은 단위인 음소를 대표하면 음소문자phonetic writing라고 한다. 음절문자는 하나의 글자가 자음과 모음의 합으로 이루어진 음절syllable을 표시하므로 개별 음소를 나누어 표시할 수 없는데, 대표적으로 일본어의 가나かな 문자와 미국 인디언의 체로키Cherokee 문자가 있다. 음소문자는 한 글자가 개별 음소를 나타낼 수 있는 문자인데, 한글이나 알파벳alphabet 과 같이 자음과 모음을 각각 다 표시하는 문자를 자모문자alphabet라고 하고, 모음은 표시하지 않고 자음만 표시하는 문자를 자음문자, 압자드abjad라 부른다. 압자드에는 아랍어나 히브리어 문자가 속한다. 마지막으로 자음을 기본으로 표시하되 모음은 자음에 붙는 부수적인 기호로 표시하는 아부기다abugida가 있다. 아부기다는 음소가 완전히 분리되지 않는다는 점에서 음절문자에서 음소문자로 진화하는 중간 정도의 문자라고 볼 수도 있다. 힌디어 등 여러 인도어에서 사용하는 데바나가리Devanagari 문자나 에티오피아 문자가 이에 해당된다.

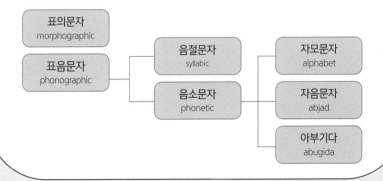

커피와 함께
블랙퍼스트를 드시나요
과잉교정과 외래어 표기

한 십 년 전만 해도 카페에서 커피coffee를 주문할 때마다 [커f ㅣ]라고 발음할 것인가 [커p ㅣ]라고 발음할 것인가를 고민하느라 잠시 머뭇거렸던 것 같다. 그 이전 십 년 전에는 [커f ㅣ]라고 발음하면 소위 '빠다' 바른 혀를 장착한 재수 없는 여자로 보일까 두려워 의식적으로 [커p ㅣ]라고 발음했었던 거 같다. 한번 [커f ㅣ]라고 했다가 "어머 발음이 남다르시네요"라는 달갑지 않은 평을 들은 후, 의식적으로 '한국식' [ㅍ] 발음으로 하려고 신경쓰게 되었던 것 같다. 하지만 이제는 그런 걱정을 할 필요가 없다. "따뜻한 아메리카노 주세요"라고 주문하면 되니까. 아메리카노로 교묘하게 커피 발음의 함정을 피해갈 수도 있지만, 사실 이제는 대놓고 [커f ㅣ]라고 발음해도 따가운 눈총을 주는 사람이 거의 없어졌다. 그뿐이 아니다. 이제 한국 사람들도 열에 다섯은 [커f ㅣ]라고 발음하는 거 같다.

이전에는 한국어식 발음으로 정착했다가 오히려 다시 외국어 발음 [f]로 되돌아가고 있는 외래어는 커피뿐 아니다. 화이팅fighting은 어떤가? 전에는 모두가 자신 있게 [화이팅]을 크게 외쳤지만, 요즘은 [f ㅏ 이팅]이라고 외치는 분들이 은근히 늘어나고 있다. 화이팅이 2021년 옥스포드 영어사전에 등재된 이후 콩글리시였던 흑역사를 지우려는 노력으로 생긴 변화가 아니다. 그 훨씬 이전부터 이미 발생했던 일이다.

우리말의 가장 표준적인 발음을 확인하려면 방송 뉴스를 진행하는 앵커나 아나운서의 발음을 기준으로 할 수 있을 것이다. 그들은 바르고 정확한 한국어를 구사하도록 훈련받기 때문이다. 그런데 뉴스를 진행하는 사람들이 얼마 전부터 가짜 뉴스를 근절하자며 '팩트 체크'를 몹시 강조한다. 아 그냥 '사실 확인'이라고 하면 좋을 것을, 왜 굳이 팩트 체크라고 해서 나의 귀를 괴롭히는지. 그나마 가짜 뉴스를 페이크fake 뉴스라고 하지 않는 게 다행인지. 하여간 이분들이 팩트를 발음할 때마다 나는 그것이 [p팩트]인지 [f팩트]인지가 신경 쓰이는 통에, 뉴스의 내용에 도통 집중할 수가 없다. 하는 수 없이 며칠 동안 뉴스 시사 프로그램만 골라보며 대충 세어본 적이 있다. 그랬더니 반 정도는 [p팩트]라고 하고 나머지 반 정도는 [f팩트]라고 발음하는 것을 확인할 수 있었다. 사실 [p]도 아니고 [f]도 아닌

[홱트]라고 **양순마찰음**bilabial fricative으로 발음하는 이도 있었지만 [화이팅]과 함께 이건 잠시 논외로 밀어두자.

JTBC 〈뉴스룸〉 (2021.1.11)

그렇다, 한국 사람들의 발음이 변하고 있다. 문제는 이것을 한국인의 '영어' 발음이 변한다고 해야 할지, 한국인의 '한국어' 발음이 변한다고 해야 할지 잘 모르겠다는 것이다. 커피가 외국어인 영어의 단어인가? 아니면 영어에서 수입되어 우리말의 일부가 된 외래어인가? 팩트는 쉽사리 한국어라고 할 사람이 많지 않을 것 같으니 우선 제외시켜 두자. 그런데 커피는 쉽게 제쳐놓을 단어가 아니다. 무엇보다 커피 혹은 카피라는 단어가 우리말에 유입된 지 이미 100년이 훌쩍 넘었으니 말이다. 1860년에 프랑스 선교사에 의해 처음 국내에 소개된 커피는 개화기에는 주로 한자로 가

차한 珈琲, 咖啡, 加琲가배, 加非, 加菲가비, 혹은 加皮가피로 쓰이다가, 1898년 독립신문에는 고종의 아편 커피 음모 사건을 보도하며 한글로 카피차라고 표기한 기록이 있다. 일제강점기 시대 이후에는 신문 지상에 커피, 카피, 고히 등으로 쓰인 것을 확인할 수 있다. 민간에서는 양탕국洋湯국이라고 불린 때도 있었다지만, 대략 100년의 세월 동안 다른 한자어나 우리말로 대체되지 않고 꾸준히 커피로 불린 것이다. 현재에도 대한민국의 커피 소비량이 세계에서 손가락 안에 들 정도로 엄청나게 많이 마시고 있으니, 우리에게 커피라는 단어가 없는 일상은 상상하기 힘들 정도다. 지금도 커피를 대체할 만한 이렇다 할 다른 우리말 단어도 없는데 아직도 커피를 외국어라고 우기는 건 억지이고, 이 정도면 외래어 한국어라고 해야 마땅하다. 즉, 이제는 우리말의 일부이고, 그래서 당연히 국어사전에도 진즉에 등재되어 있다.

외국어냐 외래어냐를 구분하는 특징 중 하나는 그 단어가 현지화되었는지 여부이고, 현지화의 증거 중 하나는 그 발음이 현지어 발음화되었냐는 것이다. 우리말에는 본래 [f] 소리가 없으니 [커pㅣ]라고 발음하는 것이 맞다. 그런데 점점 많은 사람들이 [커fㅣ]라고 한다. 다시 말해, 국어사전에도 등재된 우리말 단어를 발음하는데 우리말에 없던 발음을 사용하고 있다는 뜻인데, 이걸 어떻게 설명해야 하나. 우리말의 발음이 바뀌고 있다고 봐야 할까? 현재 한국어에는 엄청난 수의 영어 단어가 빠른 속도로 수입되고 있다. 한꺼번에 쏟아져 들어오다 보니 이 단어들이 한국어 발음으로 현지화, 토착화되는 과정을 거칠 겨를이 없다. 대한민국에서는 초등학교 4년, 중학교 3년을 합해 최소한 7년 동안 의무교육으로 영어를 배우고 있고, 많은 사람들이 고등학교 3년에 대학 교육까지 받으니 합하면 10년이 넘는 기간 동안 영어를 배운다. 그러니 대부분이 커피의 [f] 발음이 우리말의 [ㅍ]와는 다르다는 것을 알뿐만 아니라, 우리말에는 없는 [f] 발음을 할수 있게 된 사람도 많아졌다. 더욱 중요한 것은 사회적 분위기가 [f] 발음을 해도 아니꼽게 보지 않게 바뀌었다는 것이다. 이른바 '원어민' 발음을해도 용인되는 세상이 된 것이다.

우리가 [f] 발음을 한국어 사용에 허용하게 된 원인은 무엇일까? 우리의 혀가 10년이 넘는 고된 외국어 교육을 통해 단련되어서일까? 아니면 요즘 같은 글로벌 시대에 그 정도의 영어 발음은 할 수 있으니 굳이 숨길 이유가 없어서일까? 그것도 아니라면, 혹시 비슷한 발음을 가진 단어가 하도 많이 물 건너 수입되다 보니 이들 사이에 혼동을 피하기 위해서 원래 우리 족보에도 없는 발음을 구사하기 시작한 건 아닐까?

충분히 의심해 볼 만하다. 현재 한국어에는 외래어 수준의 지위를 얻어 사용되고 있는 영어 출신의 단어들이 점점 늘어나고 있다. 커피coffee를 [커ㅍㅣ]라고 발음하면, 복사 카피copy와 헷갈릴 수도 있고, 사실 팩트fact를 [pㅐ트]라고 하면 협정 팩트pact와 혼동될 수 있다. 패션fashion은 열정 패션passion과 구별이 안 되고, 얼굴 페이스face는 속도 페이스pace와 구분이 힘들고, 찍어먹는 포크fork는 돼지고기 포크pork와 헷갈린다. 다시 말해, [f]를 [ㅍ]로 발음하면 두 가지 소리가 구분되지 않고 하나로 합쳐지는 **중화** neutralization 현상이 일어나는 것이다. 발음은 [f]와 [p] 두 가지인데 표기할 수 있는 한글 글자는 ㅍ 하나이기 때문이다.

f	ㅍ	p
coffee	커피	copy
fact	팩트	pact
fashion	패션	passion
face	페이스	pace
fork	포크	pork

이런 글자는 ㅍ 말고도 또 있다. ㄹ도 그렇다. 음가가 [p] 하나인 ㅍ과는 달리 ㄹ은 사실 음가가 둘이다. 라면이나 여름에서와 같이 초성일 때는 소위 [r]에 더 가까운 탄설음이고(물론 영어의 r이나 이탈리아어의 r과는 다른 소리이지만 국제음성기호 IPA까지 써서 다르게 표기하기는 복잡하니 그냥 비슷한 걸로 치자), 달이나 겨울에서와 같이 종성에 나타날 때는 설측음 [l]에 더 가깝다. 문자는 ㄹ 하나지만 소리는 [r, l] 두 가지인 셈이다. 초성에 [l]을 허용하지 않고 종성에 [r]을 허용하지 않는 우리말의 특성상, 초성이 [l]인 외래어나 종성이 [r]인 외래어는 표기나 발음이 어려울 수밖에 없다. 버터butter처럼 종성 [r]은 탈락시켜도 그만이지만 초성 [l]은 구별할 길이 없다.

r	ㄹ	l
rhyme	라임	lime
race	레이스	lace
rocker	라커	locker
rink	링크	link
brand	브랜드	blend

이들 단어도 한글 표기만으로는 구별할 방법이 없으므로 문맥이 없으면 여지없이 헷갈리는 단어들이다. 다행히 라임rhyme과 라임lime, 레이스race와 레이스lace, 라커rocker와 라커locker, 링크rink와 링크link는 서로 쓰이는 환경이 다른 낱말들이라 보통은 엄청난 혼란이 야기되지는 않는다. 예를 들어, 레이스race는 운동장에서 하는 경주이고, 옷에 쓰는 레이스lace는 운동장에서 볼 일이 없을 테니 둘의 사용 문맥이 겹칠 일이 없지 않겠나. 아차, 운동화 끈 레이스lace는 운동장에서 볼 일이 있을 수도 있겠다. 뭐, 다들 알아서 구분해 쓰니까 나서서 걱정하진 말자. 그런데 마지막 예인 브랜드는 진짜 구분이 어렵다. 커피숍 문맥에 동시에 등장하니 말이다. 메뉴판에 종종 올라있는 하우스 브랜드 혹은 하우스 블렌드는 쓸데없는 궁금증을 자아낸다. 이 커피 하우스의 '고유 상표brand'라는 뜻일까, 이 커피 하우스만의 비법으로 여러 종의 커피 열매를 '섞어놓은blend' 커피라는 뜻일까? 모르긴 몰라도 blend를 의도했으나 브랜드라고 쓴 가게도 있고, 반대의 경우도 있을 터이다.

뭐, 커피 메뉴판에서 본 하우스 브랜드는 충분히 이해하고 넘어갈 수 있다. 그런데 브런치 카페 메뉴판에서 블랙퍼스트가 눈에 띄면 직업병 발작이 도진다.

〉 아메리칸 블랙퍼스트

아래 메뉴판 사진은 지난 겨울에 묵은 모 호텔의 실제 아침식사 메뉴판을 찍은 것이다. American breakfast를 먹고 싶었으나, '아메리칸 블랙퍼스트'는 도저히 목으로 곱게 넘어갈 것 같지 않아 쇠고기미역국을 시켰다. 오른쪽은 장을 보다 발견한 '블랙퍼스트' 소시지 사진이다.

블랙퍼스트는 커피나 레이스와는 차원이 다르다. [f] 발음을 표시할 수 없어 ㅍ으로 쓰거나 [l] 발음을 표시할 수 없어 ㄹ로 쓰는 것은 한글의 한계

때문이니 어쩔 수 없다. *breakfast*의 *fast*를 한글로 퍼스트로 표기하는 것도 당연하다. 나도 그렇게 융통성이 없는 사람은 아니다. 하지만 블랙퍼스트가 웬말인가? 더 비슷한 소리인 브렉퍼스트라고 멀쩡히 표기할 수 있는데 도대체 왜 더 틀린 소리로 적는 것일까? *breakfast*는 원래 밤새 굶다_{fast}가 아침 끼니를 먹어서 굶는 시간을 끊는다_{break} 하여 만들어진 합성어다. *break dance*는 브레이크 댄스라고 쓰면서 왜 *breakfast*는 블랙퍼스트라고 써서 나의 소화불량을 유발하는 것인지.

좀 더 정확한 표기인 브렉퍼스트를 놔두고 더 부정확한 블랙퍼스트라고 쓰는 것, 이런 종류의 오류를 과도교정, 과잉수정, 혹은 과잉교정hypercorrection이라 부른다. 자동차의 룸미러mirror나 백미러를 룸밀러나 백밀러라고 하는 것도 비슷한 오류다. 앞서 존대법에 대해 얘기할 때 잠시 언급했듯이 겸양 표현인 여쭤보다를 존경 표현으로 바꿔 쓰는 것도 과잉교정의 예다. 올바른 어법, 어형, 발음인데도 불구하고, 사회적으로 '권위' 있는 언어의 기준에 따라 잘못되었다고 착각하여 오히려 올바르지 않은 형태로 잘못 바꾸어 사용하는 현상을 일컫는다. 블랙퍼스트가 딱 이 과잉교정의 사례다. 브렉퍼스트라고 쓰는 것이 실제 영어 발음과 더 비슷하므로 더 '올바름'에도 불구하고, 뭔가 덜 '영어다운' 발음이라고 느껴서 틀렸다고 착각하여, 오히려 올바르지 않은 블랙퍼스트로 잘못 바꾸어 사용하는 것이다. 이 착각의 기저에는 우리말에는 초성에 없는 [l] 발음이 더 영어 같은 발음일 것이라는 믿음이 자리 잡고 있다. 그리고 이 착각은 [l]과

[ɾ] 소리가 한글에서는 다 ㄹ로 표기되는 것과 깊은 연관이 있다. 비슷한 예로, 올림픽에서 최선을 다해 후회 없는 [레이스]race를 펼치라고 하지 않고 [ㄹ에이스]lace 펼치라고 응원하는 분들이나, 선수들이 [페이스]pace를 잘 조절하라고 해야 하는데 [fㅔ이스]face를 잘 조절해야 한다고 말하는 분들도 다 과잉교정을 하고 계신 것이다.

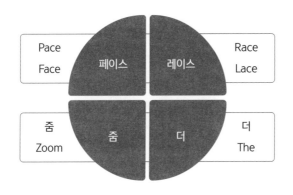

이와 같은 '같은 철자, 다른 발음'의 **동철이음**homography 현상은 영어에서 온 외래어 단어들 사이에서만 일어나는 것이 아니다. 외래어와 기존의 우리말 단어 사이에서도 벌어진다. 예를 들자면,

> 코로나로 인해 **줌**Zoom을 사용한 온라인 화상회의가 일상화되었지만 한 **줌** 크기의 휴대폰으로는 공유 문서가 안 보인다. 그렇다고 **줌**Zoom을 당겨 **줌**으로써 화면을 키울 수도 없다. 해결 방법은 안 알려 **줌**.

또 비슷한 예로, 비교를 표현하는 우리말의 더와 영어의 정관사 더the를 일부러 중의적으로 쓰는 경우도 있다. 아마도 언어유희의 일종으로 시작된 유행일 게다. TV 프로그램명이기도 한 '더 라이브'는 한편으로는 '생방송'이라는 뜻의 'The Live'로, 다른 한편으로는 '더 생생하다'는 의미로, 고의적으로 이중적인 뜻을 담으려 한 것 같다. 마찬가지로 요즘은 더럽이라는 말을 들었다고 해서 기분 나쁘게 생각하면 안 된다. 나의 위생 상태와는 아무런 관계없는 애정the love 표현인 까닭이다.

이처럼 외래어의 급속한 다량 유입으로 인해서 우리말에 없던 발음이 점점 많이 사용되고 있고, 이 추세는 당분간 멈추기 힘들어 보인다. 그렇다면 앞으로 다른 발음을 같은 글자로 중첩해 표기하는 동철이음 현상이 점점 늘어날 것이고, 이로 인한 동철이의어homograph와 동음이의어homophone도 양산될 것이다. 이의 부작용으로 과잉교정도 덩달아 늘어날 것이 뻔하다. 이렇듯 어휘의 불확실성이 증가되면 의사소통이 원활하지 않게 될 가능성이 높아진다.

이를 해결할 방법은 없을까? 물론 외국어 단어를 수입하지 말고, 원래 있던 우리말을 쓰면 된다. 팩트 체크 대신 사실 확인이라고 하면 된다. 알고 보면 멀지 않는 과거에 언어순화가 성공한 경험도 있다. 일본어 어휘의 퇴출이 그렇다. 나와바리와 같은 말은 특정 직업군에서 아직도 사용하고 있지만, 자주 쓰던 일본어 단어들이 이제 대부분 사라졌다. 식민지 경험에 대한 부정적인 민족감정, 학교에서의 엄격한 교육, 언론의 적극적인 협조 등 여러 노력이 합해져서 가능했고, 무엇보다도 일본어를 쓰던 세대의 교체가 크게 작용한 결과였다.

다꽝	다마네기	바케쓰	와리바시	와꾸
단무지	양파	양동이	나무젓가락	틀

영어 어휘도 퇴출된 사례가 있다. 내가 학교를 다닐 때만 해도 쪽을 페이지라고 하고, 모둠 활동을 그룹 활동이라고 하고, 동아리를 서클이라고 불렀었다. 지금은 모두 전자로 완전히 대체되었다. 학교 교육의 효과다.

그러나 현재는 이러한 '순화' 운동이 성공할 전망이 불투명한 것 같다. 다시 한번 엄격한 교육이나 강력한 통제를 통해 이러한 변화를 저지하는 시도를 해 볼 수는 있겠지만, 이전처럼 민족정서와 같은 화자들의 강력한 지지가 뒷받침되지 않으면 쉽지 않은 일이다. 그런데 이것은 지금 주류를 이루는 언중言衆에게 통할 전략은 아닌 것 같다. 더구나 언론이 영어 사용을 더욱 부추기는 현실이 아닌가. 그리고 더 근본적으로 말하자면, 오랜 인류 역사를 통해 보아왔듯이 언어순화운동은 일시적인 성공을 맛볼 수는 있지만 장기적인 시각에서는 성공한 사례가 거의 없다. 실패할 확률이 높다. 말이란 통제로 제어되는 것이 아니라서 그렇다. 일어날 변화는 일어나고야 만다.

언어순화운동이 안 된다면, 타협점을 찾는 방법도 있다. 이전에 한자와 한글을 병행하여 표기하였듯이, 이제는 로마자 알파벳을 한글에 섞어 병기하는 방법이다. 사실 이전 장에서 보았듯이 이미 이러한 사례가 늘어나고 있다. 예를 들어, "AI 시대에 자동으로 생성되는 가짜 뉴스를 막기 위해 fact check를 합시다"처럼.

혹은 '순화'와는 정반대의 길도 있다. 변화를 부정하거나 방치하는 대신 적극적으로 받아들이고 이를 언어 시스템 안에 능동적으로 반영하는 방법이다. 즉, 변화하는 발음을 한글 체계 안에 적극적으로 담아내는 것이다.

답은 580년 전 세종대왕님께서 이미 알고 계셨는지도 모른다. 잘 알려져 있다시피, 세종대왕은 "우리나라 말이 중국어와 달라서 중국 글자인 한자로는 우리말을 표기하기 어렵기 때문에" 우리말을 가장 잘 담아낼 수 있도록 훈민정음을 창제하셨다. 그러나 세종대왕은 사실 이보다 더 큰 그림을 그리고 계셨던 것 같다. 새로운 글자인 훈민정음을 사용하는 대상을 한국어를 쓰는 우리 민족에 국한한 것이 아니라 만민, 아니 더 나아가 우주의 모든 소리를 대상으로 삼으셨던 것이다. 정인지의 서문과 발문에 의하면, 훈민정음의 표기 능력과 응용 범위는 인간의 발음기관을 통해서 생산되는 소리인 음音과 귀에 들리는 소리인 성聲을 모두 포함한다고 한다. 다시 말해, 한글은 우리가 입으로 생성하고 귀로 듣는 모든 소리를 표기하는 일종의 발음기호 역할을 할 수 있는 잠재력을 지니고 태어났다는 것이다.

그러나 그동안 한글은 우리말에만 최적화되어 다른 소리를 표기하는 잠재력을 잃어가는 방향으로 축소되어 왔다. 창제 당시 28자 중 4글자의 소실이 그 예다. ㆆ여린 히읗, ㅿ반시옷, ㆁ옛이응, ㆍ아래아는 우리 말소리의 변화와 함께 사라졌다. 그러나 이제는 우리 말소리가 다른 소리를 받아들이고 있으니 이를 표기하는 글자가 더 필요하다. 그동안은 필요가 없어서 안 썼던 것이니, 필요하다면 다시 꺼내 쓰면 되지 않을까. 이 중 [z] 소리를 표기했던 것으로 알려진 ㅿ은 줌과 줌zoom의 혼란을 바로잡는 데에 바로 투입이 가능하다. 숨zoom을 사용해 화상회의를 하면 된다. 대단히 낯선 글자를 새로 만들어내지 않아도, 세종대왕님이 물려주신 글자를 이리저리 조합하거나 살짝만 변형해도 얼마든지 다양한 소리를 표기할 수 있다. 예를 들어, *fact*는 퐥트라고 써서 체크하면 어떨까. f퍄트 보다야 낫지 않은가. 옷에는 ㄹ레이스ㅿlace를 달고, 더럺the love으로 더러움을 떨어버릴 수도 있을 것이다.

그리고 커퓌는 콜롬비아와 케냐를 섞은 하우스브렌드로 자신있게 주문하자. 아메리칸 브렉퓌스트와 함께.
다른 사람은 몰라도 세종대왕님은 반대하지 않으실 거다.

human
language

II.
국경을 넘지 않는 말소리

machine
language

휴랭 머랭.

아마 영어 원어민들은 이것이 human language와 machine language의 줄임말이라고는 꿈에도 생각하지 못할 것이다. 일단 말소리가 달라서다. 특히 랭이 문제다. 영어 *lang*의 첫소리 [l]과 한국어 랭의 첫소리 [ㄹ]은 그 소리를 내는 방법이 상당히 다르기 때문이다. 오죽하면 [l]과 [r]은 아군과 적군을 구별하는 암호 시볼렛shibboleth으로도 사용되는 소리일까.

영어를 쓰는 사람이나 한국어를 사용하는 사람이나 인간은 누구나 두 개의 폐에서 공기를 내보내어 목구멍을 거쳐 입과 코로 숨을 내쉬며, 혀와 입천장과 치아를 이용하여 말소리를 만들어낸다. 다 똑같은 입 하나, 목구멍 하나, 혀 하나로 말소리를 만드는데 왜 언어마다 다른 소리를 내는 것일까? 인종이 달라서일까? 아니다. 우리가 아무리 한민족이라도 만약 미국에서 태어나서 한국어를 전혀 접해보지 못하고 영어만 사용하며 자랐다면 랭이 'language'의 줄임말일 거라고 짐작하지 못했을 것이다.

인종이 문제가 아니고 태어나 자란 언어 환경이 문제다. 인간은 누구나 인간 언어의 모든 소리를 낼 수 있는 잠재적 능력을 갖고 태어나긴 하지만, 다른 언어를 듣고 자라면 그 언어의 말소리에 귀와 혀가 길들여지며 특화된다. 그래서 일정 시기가 지나면 다른 언어의 말소리에 무뎌지게 되어 있다. 들리지도 않고 내기도 힘들다. 그래서 어른이 되어서 외국어를 배우면 원어민처럼 발음하기가 매우 힘든 것이다. 사람은 국경을 넘어도 말소리는 국경을 넘지 못하는 이유다. 이번 장에서는 비슷한 것 같으면서도 확연한 차이를 불러오는 언어 사이의 미묘한 말소리의 특징에 대해 알아보며 여권 없이 국경을 한번 넘어 보자.

기싱 꿈꼬또:
세상에서 가장 어려운 발음 [ㅅ]
조음 방식

"나 꿍꼬또, 기싱 꿍꼬또"를 기억하시는가. "나 꿈꿨어, 귀신 꿈꿨어"를 한껏 귀엽게 발음한 것으로, 몇 년 전 애교스러운 표현의 대표선수로 여겨지며 들불처럼 번진 유행 말투다. 누가 처음 시작한 건지 모르겠는데, 당시에는 나이, 성별을 불문하고 누구나 한 번씩 흉내를 내는 통에 한동안 징그러운 어른들의 못 볼 꼴을 감내해야 했다.

이 말투가 애교스럽게 느껴지는 이유는 아마도 어린아이의 발음을 닮았기 때문일 것이다. 귀신이 [귀싱]이 되고 꿈이 [꿍]이 되는 **비음의 위치동화**도 한몫하고, 귀신이 [기신]이 되고 꿨어가 [꼈어]가 되는 **단모음화**도 역할을 하고 있긴 하지만, 이 귀여움 발산의 핵심에는 꿨어[꿔써]를 [꼬또]로 발음하는 것, 즉 [써]를 [또]로 발음하는 현상이 단연 중심을 차지하고 있다. 한창 말을 배우는 어린아이들이 이렇게 말하면 정말 앙증맞고 귀엽게 느껴진다.

MBC 〈라디오스타〉(2015.6.24)

> 엄마, 나 혼자 떼뚜 해떠요.
> 아 그래떠요? 참 잘 해쪄요.

굳이 일반어로 '번역'을 안 해도 무슨 말인지 짐작할 수 있을텐데, 그건 아마도 이렇게 발음하는 어린아이들을 많이 보아서일 것이다. 어른들도 어린아이들과 말할 때는 종종 이런 '혀 짧은' 발음을 하기도 하니 말이다(혀 '짧은' 소리라고 하나 사실 혀 길이와는 아무 상관이 없다). 자기 혼자 힘으로 세수했다며 자랑스러워하는 아이의 눈높이 또는 혀높이에 맞춰 호응해주는 어른과는 달리, 어린아이는 일부로 세수를 [떼뚜]로, 했어요를 [해떠요]로 발음하는 것이 절대 아니다. 제대로 [세수]라고 잘 하고 싶어도 그렇게 안 되는 것이다. 사실, [ㅅ]나 [ㅆ]는 결코 발음하기 쉬운 소리가 아니다. 실제로 [ㅅ] 소리는 한국어 습득의 발달 단계상 가장 마지막으로 익히게 되는 자음 중 하나다. 그만큼 습득하기 어려운 발음이란 뜻이다. 그래서 [ㅅ] 발음은 [ㄸ] 뿐만 아니라, 사과[타과], 약속해[약톡해]처럼 [ㅌ]로 바뀌기도 하고, [해쩌요]에서처럼 [ㅉ]로 변이되기도 하고, 심지어 [θ] 소리로 대체되기도 한다. 한국 어른들에게는 우리말에 없는 [θ] 소리가 더 어렵게 느껴지겠지만, 말을 배우는 아이들에게는 [θ]보다 [ㅅ]가 더 어려운 소리다.

또한 이 현상은 한국어에만 국한되는 문제가 아니다. 우리나라 어린이만 이 발음을 어려워하는 게 아니고 다른 나라 어린이들에게도 똑같이 어려운 발음이기 때문이다. 영어의 [s] 발음도 발달 과정상 가장 마지막에 익히게 되는 소리인 까닭에, 습득 초기 단계에서는 종종 [t]나 [ts]나 [θ]로 바뀌어 발음된다. 사과를 [타과]라고 하는 것처럼 sea를 tea로 발음하고, sense를 cents로, smile을 thmile로 발음하는 것은 흔히 볼 수 있는 예다.

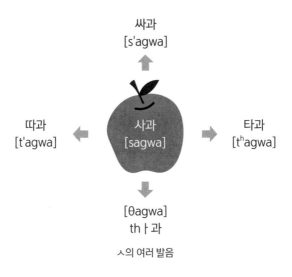

싸과
[s'agwa]

따과
[t'agwa]

사과
[sagwa]

타과
[tʰagwa]

[θagwa]
thㅏ과

ㅅ의 여러 발음

그런데 ㅅ 소리와는 반대로, ㅂ이나 ㅁ 소리를 잘 못 내는 어린이는 극히
드물다. 거의 모든 언어에서 아기들이 가장 먼저 익히는 낱말인 '엄마',
'아빠'가 주로 [m]와 [b]로 이루어진 소리라는 건 결코 우연이 아니다. 한
국어에서는 엄마[əmma]와 아빠[abba], 영어를 비롯한 많은 유럽어에서
는 mom[맘 mam] 또는 mama[마마 mama]와 papa[파파 papa], 중국어
에서도 妈妈[마마 mama]와 爸爸[빠바 baba], 기타 수많은 언어에서 '엄
마', '아빠'는 대체로 소리가 비슷하다는 사실이 놀랍지 않은가. 이유는 의
외로 단순하다. [ㅁ]와 [ㅂ] 소리는 두 입술을 다물었다가 떼면서 내는 **양
순음**bilabial인데, 이는 아이가 익힐 수 있는 제일 쉬운 소리기 때문이다. 아
기가 제일 처음 배우는 엄마, 아빠라는 말이 아기가 옹알이하면서 제일

처음 내는 소리로 이루어진다는 건 어찌 보면 당연한 일이다. 인간은 국적과 인종에 상관없이 모두 비슷한 구강 구조를 가지고 있기 때문에, 입 안의 조음기관에 특별한 문제가 없는 한 발음하기 쉬운 소리도 비슷하고 발음하기 어려워하는 소리도 비슷하다. [ㅁ]나 [ㅂ] 등의 양순음을 발음할 때 필요한 동작은 입술을 붙였다 떼는 것인데, 이는 입을 열고 닫을 줄 아는 사람이라면 누구나 쉽게 할 수 있다. 이 소리들은 혀를 입안의 특정 위치에 갖다 놓는 특별한 기술이 필요하지 않기 때문이다.

그렇다면 [ㅅ]나 [ㅆ] 발음은 왜 이렇게 어려운 것일까? 그것은 [s]가 **마찰음**fricative이기 때문이다. 마찰음이란 허파에서 입 밖으로 나오는 공기가 입천장과 혀와 이로 만들어진 입안의 아주 좁은 통로를 가까스로 통과하느라 마찰하면서 '쉿소리'가 나는 음이다. 이 마찰하는 소리를 내기 위해서는 혀의 위치 선정이 아주 중요한데, 이게 상당한 훈련이 필요한 만만찮은 고도의 기술이다. 마찰음 [ㅅ]는 혀끝을 입천장의 앞부분치경 alveolar 가까이에 접근시켜서 안정적으로 유지하고 있어야 한다. 그렇다고 혀를 입천장에 완전히 대면 안 된다. 혀를 완전히 대면 [ㄸ]나 [ㅌ]의 **파열음**plosive이 되어 버린다. 위에서 말한 [ㅂ]나 [ㅁ]도 파열음이다. 입술이든 혀든 확실한 접촉을 통해 만드는 소리인 파열음은 좁은 통로를 만들어야 되는 마찰음에 비해 상대적으로 쉽다. 혀를 입천장에 대지는 않으면서도 적당히 좁은 간격을 유지하려면, 혀를 자유자재로 통제하는 능력이 필요한데 이것이 여간 어려운 일이 아니기 때문이다.

그뿐 아니다. 공기 통로를 만드는 지점도 문제다. 혀끝을 이용하여 이 바로 뒤 입천장의 단단한 지점인 **치경**alveolar에 좁은 통로를 내어 공기가 통과하게 만들면 [s] 소리가 난다. 이 통로를 좀 느슨하게 벌리면 한국어의 [ㅅ] 소리가 나고 통로를 좀 더 바짝 좁히면 공기가 통과하기 어려워지니 공기 마찰이 더 심해져서 [ㅆ] 또는 영어의 [s] 소리처럼 더 된소리가 난다. 반면에, 혀의 중간부분을 올려서 입천장의 중간쯤인 **경구개**alveo-palatal에 공기 통로를 만들면 sh[ʃ] 소리가 난다. 혀를 조금이라도 잘못 움직여 이 공기 통로의 위치를 제대로 겨냥하지 못한다면 엉뚱한 소리가 나게 되니 그것 참 까다롭기 그지없다.

이해를 돕기 위해 혀와 입천장의 관계를 사람이 달려가서 담벼락을 치는 것에 비유해 보자. 앞으로 뛰어가서 담벼락의 목표 지점을 치고 오는 게 쉬울까, 뛰어가다 목표 지점의 10㎝ 전에 딱 멈췄다 오는 게 쉬울까? 당연히 전자가 더 쉽다. 후자는 상당한 조절 능력을 필요로 하기 때문이다. 확실한 접촉점이 있는 담벼락을 치는 것, 즉 혀가 목표 지점인 치경을 확실하게 치면서 내는 소리가 파열음인 [ㄷ/ㄸ/ㅌ]이다. 일단 담벼락을 친 후 5㎝를 떼면 **파찰음**affricate인 [ㅈ/ㅉ/ㅊ]가 된다. 담벼락에 닿기 전, 10㎝ 전에 멈추면 [ㅅ]이고, 5㎝ 전에 멈추면 [ㅆ]이다. 혹, 조절을 잘못해서 담벼락 옆으로 나가버리면 [θ] 소리가 된다. 만일 애초에 출발할 때 각도를 잘못 틀어서 목표 지점에서 20㎝ 오른쪽 지점에 도착하게 되면 [ʃ]가 되는 것이다. 비유가 정확하진 않지만 [ʃ]와 비슷한 소리인 중국어의 **권설음**

retroflex은 이 지점에서 멈출 뿐만 아니라 그 자리에서 한바탕 물구나무를 서고 와야 하는 것이다.

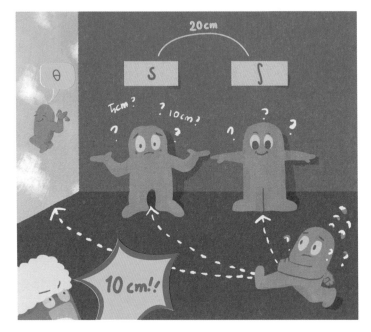

ㅅ의 혀의 위치: [s] 와 [ʃ] [그림 남유정]

하여튼 목표했던 정확한 도달 지점을 벗어날 경우에 소위 '외쿡' 사람이 말하거나 사투리를 쓴다는 느낌이 드는 것이다. 예를 들어, 매번 담벼락 5㎝ 전에 멈추도록 평생을 연습했던 선수가 갑자기 10㎝ 전에 멈추려고 하면 정확한 정지 위치에 대한 감을 못 잡고 본인도 모르게 5㎝를 더 가게된다. 이게 영어 화자가 한국어의 *사람*을 발음할 때 부드럽게 [사람]이라고 하지 못하고 [싸람]이라고 발음하는 이유다. 반대로 쌀을 [살]로 발음하는 일부 경상도 분들은 5㎝ 앞으로 바싹 다가가지 않고 10㎝ 앞에서 항상 먼저 멈추는 것과 같다. 만일 원래 가려던 담벼락의 목표 지점보다 20 ㎝ 오른쪽 지점으로 옮겨 가서 멈춘다면, [ㅅ]가 [ʃ]로 발음되는 것과 같다. 동생을 [동생] 혹은 [동샹]으로 발음하는 것이 이런 상태다. 이렇듯, 한국어, 영어, 중국어처럼 특정 언어 또는 서울 방언, 전라 방언, 경상 방언처럼 특정 방언을 모국어로 말한다는 뜻은 태어나서부터 혀를 그렇게 움직이도록 훈련했다는 뜻이다. 그래서 다른 언어의 혹은 다른 방언의 비슷한 소리를 발음하라고 하면, 이미 가던 길에만 익숙해져서 목표 지점을 찾지 못해 길을 잃고 헤매다가 도달 지점이 어긋나버린다.

그러니 말을 처음 배우는 아이들에게 ㅅ이라는 마찰음을 발음하는 것이 얼마나 힘들겠는가. 담벼락 10㎝ 전에 딱 멈춰서 그 사이를 공기 바람이 스쳐 지나가도록 기다리는 것에 익숙해지기 전까지, 담벼락에 부딪히며 [해떠요] 혹은 [해터요]라고 하기도 하고, 부딪혔다가 떨어지며 [해쩌요]라고도 하고, 심지어 담 옆의 문 즉 치아 사이에 끼여서 [해thㅓ요]라고 하기도 하며 눈물겨운 고군분투를 하는 것이다. 즉, [s] 소리를 내기가 워낙 어려우니 이를 조음 위치가 비슷하면서도 좀 더 쉬운 파열음 [t]나 파찰음 [c], 또는 다른 마찰음 [θ]로 바꿔 발음하는 것이다(같은 마찰음이라도 [θ]는 혀를 치아라는 확실한 접촉점에 끼우고 옆으로 바람을 내보내는 거라, 혀를 맨 허공에서 멈춰야 하는 [s]보다 쉽다). 어른이 되어서까지 [ㅅ]

나 [s]를 잘 발음하지 못하는 경우가 있는데, 이를 '혀 짧은 소리'라든가 리스프lisp이라고 부른다. 몸치가 있듯이 혀치가 있다고 해야 할까. 이분들은 혀 달리기를 잘 못하는 분들이다. 어른이 일부러 이렇게 발음하면 "기싱 꿍꼬또" 애교가 되는 것이다.

마찰음 [s]가 세상에서 가장 어려운 말소리가 아닐지는 모른다. 일례로 아프리카 부시맨Bushmen의 언어로 알려진 코이산Khoi-San어족의 언어들은 숨을 들이마시면서 내는 혀차는 소리 클릭click을 말소리로 사용한다. 숨을 내쉬면서 말하기도 쉽지 않은데 들이마시면서 말하다니, 이곳에서 태어나 자라지 않은 사람으로선 정말 어려운 발음이 아닐 수 없을 것이다. 그렇지만 이렇게 어려운 클릭 소리를 말소리로 사용하는 언어는 극히 드문 반면에, [s]는 아주 흔한 말소리라서 이를 음소로 사용하지 않는 언어가 매우 드물 정도다. 그러니 거의 모든 언어에 존재하는 말소리 중에선 [s]가 단연 최고 어려운 소리 중 하나임이 분명하다.

운동신경이라고는 눈 씻고도 찾아볼 수 없는 타고난 몸치인 나는 몸 달리기에는 전혀 소질이 없지만 혀 달리기는 꽤 잘 해내는 것 같다. 그 어렵다는 [시] 발음을 해내기 위해 각고의 노력 끝에 혀치를 면하게 해준 나의 어린 시절 혀에게 새삼 감사하게 된다. 오늘은 어린 시절을 치열하게 보낸 내 중년의 혀에게 고마운 마음을 담아 달콤한 아이스크림을 선물해야겠다.

생사를 가르는 암호 시볼렛:
가깝고도 먼 [s]와 [ʃ] 사이
조음 위치

몇 년 전에 고등학교 동창들과 중국 남부의 한 도시로 여행을 간 적이 있었다. 당시는 중국어를 배운지 얼마 안 되어 의욕이 넘치던 때라, 현지에서 말이 통하는지 직접 사용해 보고 싶은 욕구가 불끈 솟았다. 덥고 습한 지역을 걷고 있자니 몹시 목이 탔는데, 마침 길가에서 과일 꼬치를 파는 아주머니를 발견하였다. 반가운 마음에 얼른 다가가 과즙이 줄줄 흐르는 먹음직한 망고 꼬치를 손가락으로 가리키며,

> 뚜어샤오 치엔?　　多少钱?
>
> duoshao qian　　〈병음〉
>
> 얼마예요?

라고 물었다. 그랬더니 아주머니가

> 쓰콰이
> si kuai
> 4위엔이요.　　　　〈병음〉

라고 대답했다. 나는 자신있게 지갑에서 4위엔을 꺼내 지불하고는 돌아서려는데 아주머니가 뭐라 뭐라 불만 섞인 목소리로 소리치는 것이었다. 눈치를 보아하니 돈을 더 내라는 말인 거 같았다. 그래서 손가락 4개를 펴서 4위엔이 아니냐고 따졌더니, 그 아주머니는 양손을 다 펴서 10위엔이라고 하는 게 아닌가. 친구들 앞에서 의기양양하게 중국어 좀 써보려다가 망신을 당하는 순간이었다.

아니, 분명 4위엔[쓰콰이 si kuai] 四块이라고 했는데….
10위엔은 [식콰이 shi kuai] 十块인데….
궁시렁 궁시렁….

나중에 알고 보니 중국 북방에서는 [sh]로 발음하는(사실 중국어의 이 발음은 권설음 [ʂ]라 단순 구개음 [ʃ]와는 국제음성기호가 다르지만 쉬운 이해를 위해 그냥 [sh]로 표기한다) 단어들을 남방에서는 [s]로 발음하는 경우가 많다고 한다. 북방에서는 十10을 [shi]로, 남방에서는 十10을

[si]로 발음한단다(중국어 병음의 [i]는 [이]가 아니라 [으] 발음이다). 그래서 四4[si]와 혼동하게 된 것이다. 그렇다면 남방에서는 4와 10이 똑같은 발음이라는 말인데 이거 혼란스럽지 않을까. 아니란다. 중국 사람들은 전혀 혼동되지 않는단다. 둘의 성조가 다르기 때문에 완전 다른 단어로 인식된다고 하니 나 혼자 괜한 걱정이다. 나 같은 성조 초짜나 헷갈리는 거지.

사실 [s]와 [sh/ʃ]는 상당히 비슷한 소리다. 둘 다 입의 좁은 틈으로 공기를 마찰시키며 내보내는 마찰음fricative인데다, 소리를 만들어내는 지점도 바로 앞뒤로 붙어있다. [s]는 윗니의 바로 뒤쪽, 입천장의 앞부분인 치경alveolar에서 나는 소리고, [ʃ]는 그 바로 뒤인 구개palate의 앞부분인 경구개palato-alveolar에서 나는 소리이니, 사실 혀의 위치가 살짝만 바뀌어도 다른 소리가 날 수 있다. 이런 이유에서인지 같은 언어에서도 [s]와 [ʃ]의 구분이 방언의 차이로 나타나는 경우가 많다. 멀리 갈 것도 없이, 우리말에서도 찾을 수 있는 현상이다. 앞에서도 언급했듯이, 일부 지역에서는 동생을 [동셍]이나 [동샹]이라고 발음하기도 하는데 이는 바로 조음 위치의 미세한 차이 때문에 벌어지는 결과다.

여행 중 가격 시비 정도야 잠깐 망신당하고 말면 그만이지만, 이 두 발음의 차이가 실제로 삶과 죽음을 가르는 어마어마한 결과를 불러올 수도 있다. 시볼렛shibboleth이 그 예다.

요즘엔 시볼렛이 온라인이나 네트워크 상에서 내부 사람들끼리 공통으로 사용하는 그룹 패스워드를 가리키기도 하는데, 좀 더 광범위하게는 자기편인지 아닌지를 확인하는 암호 같은 말을 통칭하는 어휘다. 시볼렛은 원래 히브리어에서 유래했다고 한다. 히브리 문자로는 아래와 같이 생겼는데, 히브리어는 자음으로만 단어를 표기하는 압자드abjad 형식의 문자를 가지고 있고, 오른쪽에서 왼쪽 방향으로 쓰는 문자이니, 이를 로마자 알파벳으로 바꾼다면 대략 TLBSh 정도가 되겠다.

이 단어는 본래 '곡식의 이삭' 혹은 '시냇물살'을 의미한다고 한다. 애초에 '암호'와는 아무런 관계가 없는 뜻을 가진 단어가 '암호'라는 의미로 쓰이게 된 연유는 아마도 아래의 성경 이야기가 그 시초가 되었을 것 같다.

사사기 12장

5. 길르앗 사람들은 에브라임 사람을 앞질러, 요단강 나루를 차지하였다. 도망치는 에브라임 사람이 강을 건너가게 해달라고 하면, 길르앗 사람들은 그에게 에브라임 사람이냐고 물었다. 그가 에브라임 사람이 아니라고 하면,

6. 그에게 shibboleth이라는 말을 발음하게 하였다. 그러나 그가 그 말을 제대로 발음하지 못하고 sibboleth이라고 발음하면, 길르앗 사람들이 그를 붙들어, 요단강 나루터에서 죽였다. 이렇게 하여, 그때에 죽은 에브라임 사람의 수는 사만 이천이나 되었다.

길르앗과의 전쟁에서 패배한 후 요단강을 건너 도망치는 에브라임 사람들을 색출하기 위하여 길르앗 사람들이 *shibboleth*이라는 단어를 사용한 것이다. 다 같은 히브리인이니 생긴 모습으로는 구별할 수 없어서, 방언의 발음 차이로 구별했다는 말이다. 이때 4만2천 명이나 되는 목숨을 빼앗은 단서는 다름 아닌 *s*[s]와 *sh*[ʃ]의 발음 차이였다. 길르앗 사람은 [ʃ]로 발음하는데 반해 에브라임 사람은 이를 [s]로 발음하는데서 착안하여, *sibboleth*이라고 발음하는 사람은 다 잡아 죽인 사건이다. 자기편과 다른편을 구별하는 방법으로 이 단어를 사용한 데에 기인해서 현재 *shibboleth*은 '같은 편임을 인증하는 암호'라는 뜻이 되었다.

불현듯 엉뚱한 생각이 든다. 사람 목숨을 가지고 함부로 상상할 일은 아니지만, 만일 한국 사람들이 그 상황에 처했다면 아마도 발각되지 않고 무

사히 강을 건너지 않았을까. 왜냐하면 *shibboleth*이나 *sibboleth*이나 한국어에서는 모두 [ㅅ] 소리이고, 한국어에서 ㅅ은 *l* 모음 앞에서 항상 [ʃ]처럼 발음되니까 둘 다 똑같이 [ʃi] 소리로 발음했을 테니 말이다. 구개음화 덕분이다. 이게 도대체 무슨 소리냐고?

~~구개음화~~palatalization란 구개음이 아닌 말소리가 ~~구개음~~palatal으로 바뀌는 현상을 말한다. 중·고등학교 시절에 우리말에서 굳이가 [구지]로 소리 나고 같이가 [가치]로 소리 나는 것이 구개음화의 예라고 배웠을 것이다. 굳이의 ㄷ이나 같이의 ㅌ은 [s]과 마찬가지로 윗니 바로 뒤의 입천장 앞쪽에서 소리나는 ~~치경음~~alveloar인데, 다음에 오는 [이] 모음의 영향으로 구개음인 [ㅈ], [ㅊ], 또는 [ʃ]로 바뀌는 게 구개음화이다. [이] 모음을 발음하는 위치가 구개와 가까워 그 앞의 자음이 영향을 받기 때문이다. 그런데 우리가 굳이나 같이에서의 음의 변화는 뚜렷이 인식하는 반면에, 도시나 시계에서의 ㅅ의 소리 변화는 바로 알아차리지 못한다. 사과나 수도의 ㅅ과는 사뭇 다른 발음인데도 한국 사람들은 일반적으로 다른 소리라고 느끼지 못한다. 왜일까? 우리말에서는 [ʃ]와 [s]가 따로 구별되는 소리로 인식되지 않고 둘이 하나의 같은 ~~음소~~phoneme로 인식되기 때문이다. 따라서 문자로도 시옷ㅅ 하나로 표기된다.

이런 한국어의 발음 특성 때문에 성경 번역자들도 고민이 깊었던 모양이다. 한글로 시라고 써서는 [si]인지 [ʃi]인지 구별이 안 되니까 난감했을 터.

*shibboleth*과 *sibboleth*의 번역을 찾아보니, 아니나 다를까 *shibboleth*을 십볼렛이라고 표기한 번역도 있고, 반대로 *sibboleth*을 십볼렛이라고 표기한 번역도 있다. 둘 사이의 발음 차이를 명확히 하기 위해 [ʃi]는 쉬라고 표기하고 [si]는 씨라고 표기한 경우도 있지만, 여전히 혼란스럽다.

성경	Shibboleth	Sibboleth
개역한글	십볼렛	씹볼렛
공동번역	쉽볼렛	십볼렛
현대인	쉽볼렛	십볼렛
표준새번역	쉬볼렛	시볼렛
새번역	쉬볼렛	시볼렛
개역개정	쉽볼렛	십볼렛

사실 우리말의 외래어 표기법에 의하면 [ʃi]도 시로 표기하도록 규정하고 있다. 그래서 시크라고 쓰면 이게 '아프다'는 sick[sik]인지 '세련되다'는 chic[ʃik]인지 한글 표기만으로는 구분이 안 된다. 그 이유는 위에서도 말했듯이 ㅅ이 ㅣ 모음(혹은 ㅣ 모음을 포함한 이중모음들) 앞에선 구개음인 [ʃ]로 변하는 구개음화 때문이다. 아래 영어 단어의 *sh*가 한글에서는 시 샤 섀 셔 셰 쇼 슈 등, ㅅ과 ㅣ 모음의 합, 또는 ㅅ과 ㅣ를 포함한 이중모음 ㅑ ㅒ ㅕ ㅖ ㅛ ㅠ의 합으로 표기되는 것을 보면 이 특성을 다시 한 번 확인할 수 있다. ㅅ이 혼자서는 낼 수 없는 구개음 [ʃ] 소리를 이 모음과 연합하

여 이뤄낸 결과다.

English	잉글리시	flash	플래시
leadership	리더십	shine	샤인
shadow	섀도우	sherbet	셔베트
shake	셰이크	shopping	쇼핑
shoes	슈즈		

이렇듯 ㅅ이 [i] 모음 앞에서 항상 [ʃ]로 발음되는 구개음화 덕분에 우리는 요단강 앞에서 시볼렛의 덫에 걸리지 않고 무사히 목숨을 건질 수 있었을 거 같다. 갑자기 자동적으로 구개음화가 일어나는 우리말에 감사한 마음이 든다.

하지만 만약 ㅅ이 아닌 ㄹ이 시볼렛으로 쓰였다면 목숨 건지기가 쉽지 않았을 것이다. 예를 들어, 미군은 2차 세계대전 태평양 전쟁 때 일본계 미국인과 필리핀 사람으로 위장한 일본군 스파이를 구별하는 수단으로 'lollapalooza'라는 낱말을 시볼렛으로 썼다고 한다. 아시다시피 일본어에는 [l] 발음이 없어서, [l]를 [r]처럼 발음한다. 따라서 lollapalooza를 roraparooza처럼 발음하는 사람은 일본인으로 간주되어 색출되었다고 한다. 우리나라 사람이라면 살짝 애매하다. 우리말의 ㄹ은 초성으로는 [r]처럼 발음되고, 종성으로는 [l]처럼 발음되니 말이다. 롤라팔루자라고 했을지, 로라파루자라고 했을지. 아무래도 첫 ㄹ음 때문에 무사통과가 쉽지는 않았을 것 같다. 단어 마지막의 [z] 소리도 문제지만. 실제로 1923년 관동 대지진 때는 수많은 한국 사람들이 쥬고엔15엔이라는 또 다른 시볼렛의 함정에 걸려 무고한 목숨을 잃기도 했다. 이 얘기는 다음 장에서 따로 다루기로 하겠다.

이 외에도 세계의 여러 곳에서 역사의 굽이굽이에 우리편과 상대편을 구분하는 수많은 시볼렛이 존재해 왔다. 언어의 차이 때문에 벌어진 수많은 비극적인 사건들은 언어가 한 집단의 정체성을 드러내는데 그만큼 중요하고 효과적인 도구라는 사실을 방증해 준다. 유사한 겉모습 뒤에 가려진 숨은 차이점까지 가려내는 그야말로 족집게 감별사다. 이렇듯 생과 사를 가르는 엄청난 결과가 비슷비슷한 발음의 미세한 차이에서 비롯되다니 정말 경악하지 않을 수 없다. 더욱 놀라운 점은 이토록 미세한 차이를 우리 중 누구도 의식적으로 배우지 않는다는 사실이다. 연습한 적도 없다. 연습한다고 단숨에 흉내 내기도 힘들다. 이러니 한 집단의 정체성을 나타내는 데에 실로 언어보다 더 정확한 구별법은 없다고 생각할 수도 있을 것이다.

그러나 잊지 말자. 언어 공동체는 피의 공동체가 아니다. 다시 말해 언어 정체성은 유전자 문제가 아니다. 오히려 인종에 상관없이 같은 지역에서 같은 말을 쓰며 같은 시간을 보낸 사회문화 공동체의 일원임을 인증해주는 표지라 할 수 있다. 그저 한 지역에서 태어나 자라면서 그 지역의 언어 혹은 방언에 적당히 노출만 되면 딱히 노력하지 않아도 누구나 저절로 습득하게 되는 신기한 것이 언어다. 길르앗 사람도 만일 에브라임에서 태어나 자랐다면 분명 'sibboleth'이라 했을 것이고, 일본 사람도 미국에서 태어나 자랐으면 분명 'lollapalooza'라고 했을 것이다. 그리고 나도 중국 북방 지역에서 망고 꼬치를 샀다면 '4위엔'의 굴욕은 겪지 않았을 것이고.

김치는
성대를 울리지 않습니다
유성음과 무성음

한 언어를 다른 언어의 문자로 옮기는 일은 참으로 난감한 일이다. 각각의 언어는 서로 다른 말소리로 이루어져 있고, 각 언어의 문자는 그 언어를 가장 충실하게 표기하도록 고안되거나 차용되었을 테니, 한 언어의 소리를 다른 언어의 문자로 일대일 대응시킨다는 건 애초에 불가능한 일이다. 우리는 앞에서 살펴본 시볼렛shibboleth 이야기에서 외국어의 sh[ʃ] 소리를 우리 한글의 자음 하나로 표기하는 것이 쉽지 않다는 예를 보았다. 영어를 한글로 옮기는 것만 봐도 s와 sh 소리 둘 다 ㅅ 한 글자에 해당되고, th는 ㅅ, ㅆ, ㄷ, ㄸ, 심지어 ㅈ으로도 표기된다. 이 외에도 l과 r은 ㄹ로, p와 f는 ㅍ으로 표기하는 등 소리와 글자가 딱 맞아 떨어지지 않는다.

알파벳 th 와 대응되는 한글 자소

역으로, 한국어를 영문, 즉 로마자 알파벳으로 옮기는 일 역시 보통 성가신 일이 아니다. 우리말 소리에 딱 맞는 글자를 찾기가 어렵기 때문이다. 여권을 만들거나 해외에서 물건을 구입해 본 사람이라면 본인의 이름이나 주소를 알파벳으로 옮기는 경험을 해봤을 것이다. 같은 장소를 다르게 표기하여 야기되는 혼란을 피하기 위해, 특히 주소나 도로 표지판에 일관된 표기를 하기 위해 사용하는 공식적인 로마자 표기법이 있긴 하다. 그나마 주소는 현재의 공식 표기법을 따르면 되는데, 유독 사람 이름은 기존 관습을 따르는 경우가 많다. 물론 이름은 고유명사이므로 본인이 원하는 대로 쓸 자유가 있고 마음대로 쓰면 그만이긴 하다. 우리나라에서

가장 흔한 성씨 다섯 개가 김, 이, 박, 정, 최라고 하는데, 보통 이들 성씨는
다음과 같이 표기한다.

한글	영어
김	Kim
이	Lee
박	Park
정	Cheong
최	Choi

그런데 어찌 된 일인지 이 중 어느 하나도 실제 우리 발음과 비슷하게 들
리는 성이 없다. 김은 [킴]이고, 이는 [리]고, 박은 [팍파크]이고, 정은, 운이
좋으면 [청], 운이 나쁘면 [치옹]이 될 위험도 있다. 나는 최가다. 그나마
최가 가장 비슷하다고 생각할지 모르는데 천만의 말씀이다. 외국 사람들
은 나를 [초이]라고 부른다.

어쩌다 이렇게 된 걸까? 우선 이씨와 최씨는 논외로 하고, 김, 박, 정에 집
중해 보자. 각각 [킴], [팍파크], [청]으로 발음되어 첫소리가 모두 격음으
로 대체되는 비슷한 문제를 안고 있어 보이니 말이다. 우리 귀에는 *Gim*,
*Bak, Jeong(Jung)*이 더 가까운 표기일 거 같은데 이상하지 않은가? 2000
년에 공포된 우리말 로마자 표기법에도 초성 ㄱ, ㅂ, ㅈ은 *g*, *b*, *j*로 표기
하도록 규정하고 있는데 말이다(물론 이렇게 표기하시는 분들도 계시

다). 속설에 의하면, 처음 영어로 이름을 쓰게 된 한국 사람이 가까운 미군에게 어떻게 써야 하냐고 물어봤는데, 그 미군이 영어로 발음이 비슷한 이름인 *Kim*이나 *Park*으로 쓰라고 알려줘서 그렇게 되었다는 설명이다. 그럴듯한 얘기다. 영어에 *Gim*이라는 이름은 없고, *Bak*은 [백]이라고 소리 날 테고, *Bark*은 '개 짖는 소리'라서 어감이 안 좋으니까.

그러나 정말 이 이유 때문만일까? 그러면 *김치*는 왜 *Kimchi*라고 표기할까? *Gimchi*라고 하지 않고?

2020년 끝자락에 중국에서 김치를 국제표준화기구ISO에 중국 음식으로 등록했다고 난리가 난 적이 있었다. 중국의 환구시보가 "중국 김치가 국제 김치 시장의 표준이 되었다"며 "한국은 굴욕을 당했다"고 선정적인 보도를 한 것이다. 이에 우리나라 농림축산식품부에서는 다음과 같은 해명 자료를 내놓았다. 중국이 등재한 것은 김치가 아니고 중국의 발효 음식인 파오차이Pao Cai라고. 우리는 이미 2001년에 국제식량농업기구FAO 산하 국제식품규격위원회CODEX에 우리의 김치Kimchi 제조법을 등록해 놓았노라고. ISO에서도 파오차이 관련 문건에

This document does not apply to **Kimchi**.
이 문건은 김치에 적용되지 않습니다.

라고 명시해 놓았으니 안심하라고. 여기에서도 볼 수 있듯이 *김치의 국제*

적 공식 표기는 *Kimchi*다. 국제식품규격위원회에 등록된 김치의 표기도 *Kimchi*고, 국제표준화기구가 언급한 김치도 역시 *Kimchi*다. 최고의 권위를 자랑하는 영국의 옥스포드 영어사전Oxford English Dictionary에도, 미국의 미리엄웹스터 사전Merriam-Webster Dictionary에도, 김치는 다 *Kimchi*라고 표기되어 있다. 우리의 로마자 표기법이 규정한 표기인 *Gimchi*와는 다르게 말이다(로마자 표기법에도 국제적으로 통용되는 표기는 그대로 따른다는 예외 규정이 있긴 하다).

아니, 다들 왜 그러지? 외국인들은 다 귀가 어떻게 된 걸까?

그렇다, 귀가 어떻게 된 거다. 외국인들은 우리와 듣는 귀가 다르다. 이 외국인들의 귀에는 김이 [kim]으로 들리고 *김치*가 [kimchi]로 들린다. 들리기를 [킴치]로 들리니 발음도 [킴치]로 하는 것이다. 오죽하면 우리가 외국인들의 어색한 한국말 발음을 흉내 낼 때 '외쿡' 사람이라고 할까. 그 옛날 *고려*가 *Gorea*가 아니고 *Korea*가 된 것도 마찬가지 이유였을 터이다. 이유는 바로 한국어의 ㄱ은 무성음이기 때문에 외국인들의 귀에 무성음인 [k]로 들리지, 절대로 유성음 [g]로 들리지 않기 때문이다. 도대체 무성음은 뭐고 유성음은 뭐길래 듣는 귀까지 다르게 만들었을까?

우리말의 **폐쇄**obstruent 자음에는 세 가지 종류의 소리가 있다. 평음ㄱ, ㄷ, ㅂ, ㅈ과 경음ㄲ, ㄸ, ㅃ, ㅉ과 격음ㅋ, ㅌ, ㅍ, ㅊ이 그것이다. 그런데 공교롭게도 이 세 가지 소리가 모두 다 무성음이다.

평음	경음	격음
ㄱ	ㄲ	ㅋ
ㄷ	ㄸ	ㅌ
ㅂ	ㅃ	ㅍ
ㅈ	ㅉ	ㅊ

격음은 소위 '거센소리'로, 발음할 때 평음에 비해 공기가 더 많이 들어가는 **기음**aspirated이다. 일종의 '소리 반 공기 반' 소리라 할 수 있다. **경음**tensed은 후두 근육을 더 긴장시켜 공기 압력을 높여서 내는 '된소리'로, 평음보다 목을 더 눌러서 내는 느낌의 소리다.

외국인들이 한국어를 배울 때 제일 어려워하는 것 중 하나가 이 세 가지 소리를 구별하는 것이다. 한국에 20년 넘게 살고 있는 옆 연구실의 미국인 교수님은 한국어가 엄청 유창한데도 불구하고 여전히 "오늘 캉의강의 있어요"라고 하신다. 그도 그럴 것이, 한국어의 평음, 격음, 경음이 모두 다 무성음이기 때문에 외국인들의 귀에는 강, 캉, 깡이 다 그저 다 똑같이 무성음 [k], [캉]으로 들린다.

무성음voiceless이란 성대가 울리지 않는 소리를 말한다. 아래 그림의 왼쪽처럼 후두 구멍을 열어 놓아 공기가 무사통과하면 성대가 떨리지 않아 무성음이 된다. 반대로 **유성음**voiced은 성대가 떨리는 소리다. 모음은 모두 유성음이고, 자음 중 비음ㅁ, ㄴ, ㅇ이나 유음ㄹ도 유성음이다. 이들 소리를 낼 때 목 앞에 손가락을 대 보면 바로 성대의 떨림을 느낄 수 있을 것이다. 반면에, ㄱ, ㅋ, ㄲ에 모음을 붙이지 말고 자음만 떼어서 단독으로 발음해 보면 왜 이 소리들이 다 무성음인지 알게 될 것이다. 성대가 안 울린다. 그래서 국제 공통 발음기호인 국제음성기호IPA, International Phonetic Alphabet로는 한국어의 ㄱ, ㅋ, ㄲ을 각각 무성음 [k]의 다른 형태인 [k], [kʰ], [k']로 표기한다.

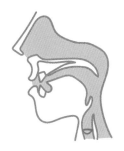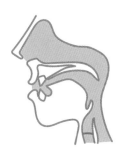

무성음(왼쪽)과 유성음(오른쪽)

무성음(왼쪽)과 유성음(오른쪽)

사실 알고 보면 한국어의 무성 자음들도 유성음인 두 모음 사이에 끼이면 유성음으로 발음되기도 한다. 그래서 고기, 도둑, 바보, 주제라는 단어를 발음할 때 각 단어의 첫 자음은 무성음, 두 번째 자음은 유성음이 된다. 두 번째 무성 자음은 유성음인 모음 사이에서 발음되면서 같은 유성음으로 변하는 유성음화 현상이 일어나기 때문이다. 이 음운현상은 여기서 자세히 설명하기는 너무 복잡하니 그냥 넘어가자.

그런데, 평음, 격음, 경음으로 구분되는 한국어와는 달리 다른 많은 언어들에서는 자음이 무성음과 유성음으로 구별된다. 특히, 로마자 알파벳을 문자로 쓰는 영어, 독일어, 네덜란드어, 이탈리아어, 스페인어, 프랑스어, 포르투갈어에서는 자음이 다 무성음과 유성음으로 이분된다. 예를 들어 영어에서는 이렇게 구별된다는 것을 아실 것이다.

무성음 (Voiceless)	유성음 (Voiced)
k (cane)	g (gain)
t (ten)	d (den)
p (pen)	b (Ben)
ch (chin)	j (jin)

이런 언어를 쓰는 사람들의 귀에는 일단 자음은 무조건 무성음과 유성음으로 구별된다. 이를 범주지각categorical perception이라고 한다. 김씨의 ㄱ이나 김치의 ㄱ이나 다 무성음이니 이들에게는 [g]가 아닌 [k]로 들리는 것

이고, 박씨의 ㅂ도, 정씨의 ㅈ도 무성음이니 [b], [j]가 아닌 [p], [ch/ʧ]로 들릴 수밖에 없는 것이다. 그러니 유무성의 이분에 기반한 로마자로는 *Kim*씨와 *Kimchi*로 표기하는 것이 어쩌면 당연하다.

뭐 그렇다고 너무 억울해 할 건 없다. 반대로 우리는 그들의 유성음을 무성음으로 발음하니 말이다. 우리가 *Ben*을 벤이라고 부르고 *Dennis*를 데니스라고 부르면, 그들 귀에는 *pen*[펜]과 *tennis*[테니스]라고 들릴 테니 피장파장이다. 특별히 신경 쓰지 않았을지 모르지만 우리 한국인이 영어 단어의 첫 유성음을 제대로 성대를 울려서 발음하는 건 상당히 힘든 일이다. 그래서일까? 우리가 *bus*를 [뻐스]로, *double*을 [떠블]로, *gas*를 [까스]라는 경음으로 발음하는 경향이 있는데, 아마도 이 현상은 후두를 눌러 성대를 울리는 듯한 유성음 흉내를 내는 것일 수도 있다.

2000년에 개정된 현재의 로마자 표기법은 어두의 평자음을 *g, d, g, j*로 표기하도록 규정하고 있지만, 이전에는 *k, t, k, ch*로 표기하던 시절도 있었다. 현재는 *Busan*으로 표기되는 부산이 이전에는 *Pusan*이었고, *Daejeon*으로 표기되는 대전이 *Taejeon*, *Gwangju*로 표기되는 광주가 *Kwangju*였던 시절을 기억하는 분도 계실 것이다. 평음/격음/경음으로 삼분되는 우리 말소리와 무성음/유성음의 이분법에 기반한 로마자 표기는 기본적으로 일치할 수 없기에 논란이 있을 수밖에 없고, 이 논란은 공식 로마자 표기법의 변화를 여러 번 불러 왔었다. 실제로 우리나라에서 공식적으로 쓰는 로마자 표기법과는 별개로, 외국에서 많이 쓰는 매퀸 라이샤우어McCune-Reischauer 표기법이나 언어학에서 주로 쓰는 예일Yale 로마자 표기법에서는 ㄱ, ㄷ, ㅂ, ㅈ을 무성음 k, t, p, ch로 표기한다.

우리말만 이런 건 아니다. 중국어도 자음에 유무성 구분이 없는 언어다. 기음aspirated이냐 아니냐의 구분만 있다. 요즘엔 베이징北京 북경을 Beijing이라고 표기하지만 이전에는 Peking으로 표기되었던 때가 있었던 것을 보면 우리와 비슷한 문제 때문이라고 짐작할 수 있다. 참고로 북경대학은 공식 영문 명칭이 아직도 Peking UniversityPKU이다. 물론 Peking은 서양인들과 교역이 잦았던 남방 지역인 상하나 홍콩의 방언 발음과 더 유사하게 표기된 면도 있었겠지만, 유성 무성의 구별이 없기는 광동화를 비롯한 남방어나 북경화를 중심으로 한 보통화나 둘 다 마찬가지다.

아시아 언어라고 다 유무성 구별이 없는 건 아니다. 또 다른 옆 나라의 말인 일본어에는 유성과 무성의 구분이 있다. 소위 '탁음'이라는 불리는 소리가 유성음이다. 히라가나에 탁점(")을 붙여서 표시하는데, 이 탁점이 붙으면 무성음 [k]가 유성음 [g]가 되고, 무성음 [s]가 유성음 [z]로 바뀐다. 유성음이 없는 한국 사람들은 영어의 첫 유성 자음을 발음하기 어려운 것과 마찬가지로 일본어의 첫 유성 자음도 발음하기 어렵다. 우리말의 첫 자음은 다 무성음이기 때문이다. Ben을 벤[pen 펜]이라고 부르고 Dennis를 데니스[tenis 테니스]라고 부르는 건 사실 웃으며 애교로 넘어갈 수도 있는 일이지만, 일본에선 *Judy*를 쥬디[ʧjudi 츄디]라고 무성음으로 발음 했다가는 목숨을 잃을 수도 있으니 특별히 주의하기 바란다. 실제로 이런 일이 일어났으므로 농담이 아니다.

1923년 관동 대지진 때 벌어진 비극이다. 지진으로 인한 흉흉한 민심을 한국인에게 분풀이하는 것으로 해소하고자, 한국인들이 우물에 독을 풀었다는 괴소문을 퍼뜨린 후 한국 사람들을 색출하여 마구잡이로 죽인 사건이 일어났었다. 지난 장에 시볼렛의 유래에 대해 설명했었는데, 이때 시볼렛으로 쓰인 것이 '15엔 50전'이었다. 15엔은 일본어로 じゅうごえん [jiu:goen]이라고 발음한다. 한글로 써놓은 쥬고엔을 보면 왜 한국 사람이 이 발음을 못 했는지 이해가 안 갈 수도 있다. 우리말에도 다 있는 발음 아닌가? 아니다, 쥬에 커다란 차이가 있다. 한국어의 ㅠ와는 달리 소위 '요음'인 ㅠ가 길게 발음되는 문제도 있었지만, 자음인 ㅈ이 일본어에선 유성음인 탁음인데 반해 한국어에선 무성음으로 발음되는 것이 주요한 차이였다. 실제로 6,000여 명의 한국 사람들이 [주고엔 ʤiugoen], 또는 [츄고엔 ʧiu:goen]이라고 발음하여 학살당했다고 한다.

그러니 외쿡인이 당신을 '킴'씨나 '꽉'씨나 '청'씨로 부르더라도 너그러이 이해해 주도록 하자. '킴치'를 더 달라고 하면 인심 좋게 많이 퍼주자. 죽고 사는 문제가 아니잖은가. 물론 김치가 자기네 음식이라고 우긴다면 그건 좀 곤란하지만 말이다.

알아두면 쓸데 있는 신박한 언어상식
말소리

말소리는 폐에서 나오는 공기를 조음기관인 입과 코를 거쳐 밖으로 내보내면서 만들어지게 된다. 이때 공기의 흐름을 방해하지 않으면서 입모양과 혀의 높낮이를 달리하여 만드는 소리를 모음vowel이라고 하고, 입과 혀의 위치를 통해 공기의 흐름을 다양한 방식으로 막으면서 내는 소리를 자음consonant이라고 한다.

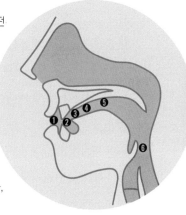

자음은 입안의 어느 부분을 막느냐에 따른 조음 위치와 어떤 방식으로 막느냐의 조음 방식에 따라 다양한 소리로 나뉜다. 오른쪽의 단면도에 표시된 바와 같이, 조음 위치에 따라 ①두 입술을 막아서 내는 양순음bilabial, 윗입술과 아랫니를 부딪쳐서 내는 순치음labiodental, ②위 아래 치아 사이에 혀를 끼워서 내는 치간음interdental, ③윗니 바로 뒤 잇몸을 막아서 내는 치경(치조)음alveolar, ④입천장의 딱딱한 앞부분에서 내는 (치경)경구개음palatal, ⑤입천장의 연한 뒷부분에서 내는 연구개음velar, 마지막으로 ⑥목구멍 성문에서 내는 성문음glottal이 있다.

각각의 조음 위치에서도 조음 방식에 따라 다른 소리가 만들어지는데, 입이나 혀를 이용해서 공기의 흐름을 완전히 막았다가 터뜨리면서 내는 소리를 파열음plosive [p, t, k], 소리를 완전히 막았다가 좁은 틈으로 내보내면 파찰음affricate [tʃ], 처음부터 좁은 통로 사이로 공기를 내보내면 마찰음fricative [f, θ, s, ʃ, h]이라고 부른다. 또한 이들 소리를 낼 때 성대가 동시에 울리면 유성음voiced [b, d, g, dʒ, v, ð, z, ʒ]가 만들어지고, 근육을 긴장시키면 경음tense [ㅃ, ㄸ, ㅉ, ㄲ]가 되며, 공기를 동시에 많이 내보내면 격음 혹은 기음aspirated [ㅍ, ㅌ, ㅊ, ㅋ]

가 된다. 반면, 공기를 입으로 내보내지 않고 코를 통해 내보내는 소리를 비음nasal이라고 한다. 공기가 코로 나가는 동안에 입 모양과 혀의 위치가 달라짐에 따라 [m, n, ŋ]의 다른 소리가 난다. 마지막으로 유음은 공기 흐름을 자연스레 흘려보내는 소리로, 전이음glide을 제외하고는 자음 중에서 가장 모음과 비슷한 부드러운 소리라고 할 수 있다. 보통 혀를 마는 권설음retroflex, 혀를 튕기는 탄설음flap 등 여러 종류의 [r]와 혀 옆으로 공기를 내보내는 설측음lateral [l]가 있다.

아래 차트는 한국어와 영어의 자음을 각 조음 위치와 조음 방식에 따라 배열한 것이다. 두 언어 사이에도 차이가 있는 것처럼 각 언어에서 사용되는 소리의 종류와 수도 조금씩 다 달라서 다른 언어에서는 아래 차트의 빈칸이 더 채워질 수 있지만, 근본적으로 인간의 조음기관인 목구멍과 입과 코를 통해 내는 소리들이므로 이 차트에서 크게 벗어나지 않는다.

		① 양순음 bilabial	①-② 순치음 labiodental	② 치간음 interdental	③ 치경음 alveolar	④ 치경구개음 alveopalatal	⑤ 연구개음 velar	⑥ 성문음 glottal
파열음 plosive	무성	ㅂㅃㅍ p			ㄷㄸㅌ t		ㄱㄲㅋ k	
	유성	b			d		g	
파찰음 affricate	무성					ㅈㅉㅊ tʃ		
	유성					dʒ		
마찰음 fricative	무성		f	θ	ㅅㅆ s	ʃ		ㅎ h
	유성		v	ð	z	ʒ		
비음 nasal	유성	ㅁ m			ㄴ n		ㅇ ŋ	
유음 liquid					ㄹ r l			

인싸는 한겨울에도
아아를 마신다
줄임말과 이중모음

인싸라는 말을 처음 들었을 때의 충격을 아직도 잊을 수 없다. 벌써 몇 년 전의 일이다. 누구누구가 인싸라는 둥, 인싸가 되려면 어찌어찌 해야 된다는 둥, 인싸라는 어휘가 무시할 수 없는 정도의 빈도로 들리는지라 하는 수 없이 주위에 물어보았다. 그랬더니 글쎄 인사이더insider를 줄여서 쓰는 말이라는 게 아닌가! 모임이나 조직에 잘 적응하지 못하고 겉도는 인물인 아웃사이더outsider를 줄인 아싸의 반대말로, 이와 정반대되는 인물, 즉 주목받은 핵심 인물이라는 뜻이란다.

뭐라, 인싸가 *insider*의 줄임말이라고?
사실 내가 놀란 이유는 이 말의 뜻이 예상 밖이어서도 아니고, 영어에서 온 단어라서도 아니다. 그렇다고 줄여서 쓰는 말이기 때문도 아니다. 요즘 줄여서 쓰는 말이 어디 한둘이던가. 이 줄임말이 충격적이었던 이유는 이 단어가 잘려진 위치 때문이었다. 언어학자의 기준으로는 너무나 황당한 지점이 쪼개졌기 때문이다.

영어 단어 *insider* '내부자'는 3음절로 이루어진 단어다. 즉, 이 단어 안에 3개의 말소리 음을 내는 단위가 있다는 뜻이다. 음절syllable이란 자음과 모음으로 이루어진 발음의 기본 단위를 말한다. 이렇게 말하니 꽤 어렵게 들리지만, 한국인들한테 음절은 참 이해하기 쉬운 개념이다. 왜냐하면 한글은 영어 알파벳처럼 자음과 모음의 음소를 옆으로 길게 늘어뜨려 쓰지 않고, 자음과 모음을 위아래로 쌓아서 음절 단위로 쓰도록 시각적으로 구성되어 있기 때문이다. 예를 들어 *내부자*라는 단어는 3음절이다. 굳이 음절 경계에 점을 찍어 표시하지 않아도 그 구분이 명확하다.

> 내 . 부 . 자

어느 나라 언어든 각 음절에는 꼭 모음이 있다. 즉, 모음만으로 이루어진 음절은 있어도, 자음만으로 이루어진 음절은 없다는 말이다. 우리말의 음절도 초성+중성+종성으로 이루어져 있다고 하는데, 초성이나 종성이 없는 음절은 있어도, 중성이 없는 음절은 없다. 왜냐하면 자음은 입안 공기의 흐름을 차단하거나 방해해서 만들어진 소리이기 때문에 자음만을 따로 발음하며 말소리를 유지하는 것이 힘들다. 발음을 지속하려면 공기 흐름을 차단하지 않는 모음이 꼭 필요하다. 예를 들어, 자음 [ㄷ] 하나만을 지속해서 발음하기는 힘들지만 모음 [ㅓ]는 (숨이 남아있는 한) 얼마든지 계속 발음할 수 있다. 이처럼 말소리를 지속하는 힘은 모음에서 나오기 때문에 각 음절의 **핵심**nucleus은 모음이고, 따라서 보통 모음의 수와 음절의 수는 일치한다. 다시 말해, 한 단어가 3음절이라는 말은 그 안에 3개의 모음이 있다는 뜻이다.

영어의 *insider*를 음절 단위로 점을 찍어 구분해 보면 다음과 같다.

in . si . der

[in . say . dər]

첫 음절은 *in*, 두 번째 음절은 *si*, 세 번째 음절은 *der*이다. 음절의 핵심인 모음을 기준으로 다시 말하자면, 첫 모음은 *i*[i], 두 번째 모음은 *i*[ay], 세 번째 모음은 *e*[ə]이다. 첫 번째와 세 번째 모음은 단모음인 반면에, 두 번째 모음은 이중모음이다. **이중모음**diphthong이란 그 모음을 발음하는 동안에 입모양이 바뀌는 모음, 즉 시작하는 소리와 끝나는 소리가 다른 모음을 일컫는다. [ay]의 경우 [a]로 시작해 [y]로 끝나니 이중모음이다. 영어에는 이와 같이 [y]-전이음glide이 붙는 이중모음 외에도 [w]-전이음이 붙는 이중모음이 있다.

그 구성이 복잡하긴 하나 이중모음도 단모음과 마찬가지로 하나의 모음이고, 따라서 하나의 음절을 구성한다. 우리말에도 이중모음이 있다. 한글의 복모음 중에 ㅚ와 ㅟ를 제외하고는 모두 이중모음이다(ㅚ와 ㅟ는 모양은 복잡하나 실제 발음은 입모양의 변화 없이 하나로 나는 단모음이다. 독일어의 umlaut ö나 ü와 비슷하다. 하지만 사실 현대에는 ㅚ와 ㅟ도 이중모음으로 발음하는 사람들이 많아서 점점 이중모음화되고 있는 듯하다). 한국어에는 ㅣ[y]로 시작하는 이중모음인 ㅑ, ㅕ, ㅛ, ㅠ와, ㅗ/ㅜ[w]로 시작하는 이중모음인 ㅘ, ㅝ, ㅙ, ㅞ와 ㅣ[y]로 끝나는 이중모음인 ㅢ가 있다.

*인싸*가 영어 *insider*를 줄여 쓴 말이라면, 이는 *si*[say, 싸이]라고 발음되는 두 번째 음절을 [sa싸]와 [y이]로 둘로 쪼개서 앞부분인 싸만 남기고 뒷부분인 이는 버린 것과 같은 상황이 된 것이다. 세상에, 한 몸인 이중모음 [ay]를 가차 없이 두 토막을 냈으니 어찌 충격을 받지 않을 수 있겠는

가. 이 모음의 입장에서 보면 허리가 끊기는 아픔이다.

in.**say**.der ▶ in**sa** (+ yder) ??

이를 우리말의 예로 비유하자면, 인쇄물이라는 단어를 인소라고 줄여 쓰는 것과 같은 느낌이다. 즉, ㅙ라는 이중모음을 둘로 잘라 ㅗ와 ㅐ로 분리한 후 앞쪽인 ㅗ만 취한 것과 같다. 황당하지 않은가.

인.**쇄**.물 ▶ 인**소** (+ ㅐ물) ??

한국어 원어민 화자 중에 인쇄를 인소라고 줄여 말할 사람이 단 한 명이라도 있을까? 그러니 내가 인싸에서 받은 충격을 괜한 호들갑이라고만 탓할 수는 없으리라.

물론, *insider*가 우리말에서 인싸로 잘린 데에는 다 그럴만한 이유가 있다. 어떤 언어 현상도 이유 없이 일어나는 법은 없다. 영어의 *insider*는 3음절짜리 단어지만, 이를 한국어로 옮기면 인싸이더라는 4음절짜리 단어가 된다.

in.si.der (3음절) ▶ 인.싸.이.더 (4음절)

이렇게 된 이유는 우리말에는 아이[ay]라는 이중모음이 없기 때문이다. 그래서 영어의 이중모음 [ay]가 한국어에서는 아와 이, 각각의 단모음 2개로 인식된다. 한국어 화자의 입장에선, 인싸의 싸는 하나의 음절을 두 동강이 낸 것이 아니라, 두 번째 음절 싸와 세 번째 음절 이 사이를 끊었을 뿐이다. 그러니 무죄다.

인.싸.이.더　　　▶　　　인싸 (+ 이더)

위에서 보았듯이 우리말의 이중모음은 거의 ㅣ[y]나 ㅗ/ㅜ[w]와 같은 **전이음**glide이 앞에 붙는 **앞전이**ingliding가 주를 이루는 반면에, 영어의 이중모음은 전이음이 뒤에 붙는 **뒷전이**outliding가 주를 이룬다. 한국어에 ㅑ[ya]가 있다면 영어에는 반대로 [ay]가 있고, 한국어에 ㅘ[wa]가 있다면, 영어에는 [aw]가 있는 식이다.

<한국어>	<영어>
야 [ya]	eye [ay 아이]
놔 [wa]	now [aw 나우]

한국어에는 *y*나 *w*가 뒤에 오는 뒷전이outgliding 이중모음이 없기 때문에 이런 이중모음은 모두 개별 단모음 2개로 인식되는 것이다. 이와 같이 영어에서는 하나의 이중모음이 우리말로 수입되면서 두 개의 독립적인 단

모음으로 인식되는 예는 아주 흔하다. 다음의 영어 단어는 모두 1음절짜리다. 그런데 이 1음절짜리 단어들이 한국어로 옮겨질 때는 모두 다음절이 되는데, 그 중요한 이유가 한 개의 이중모음이 두 개의 단모음으로 바뀌기 때문이다.

ice (1음절)	▶	아이스 (3음절)
life (1음절)	▶	라이프 (3음절)
by (1음절)	▶	바이 (2음절)
case (1음절)	▶	케이스 (3음절)

그러면 이제 인싸의 필수템인 아아아이스 아메리카노, iced Americano의 원리도 납득이 갈 것이다. Ice가 아와 이와 스로 쪼개진 것은 이중모음 i[ay]가 아이라는 단모음 2개로 바뀐 덕분이다. 마찬가지로, 영어에선 1음절짜리 단어인 life와 by의 이중모음 [ay]도 한국어에서는 2음절 아이로 바뀌고, 1음절짜리 case의 a[ey]도 한국어에서는 2음절 에이로 몸집을 불렸다. 나 역시 인싸의 충격을 이겨낸 후에는, 아아도 큰 쇼크 없이 그럭저럭 받아들일 수 있게 되었다. 그뿐인가. 처음엔 경악해 마지않았던 워라밸과 케바케도 나름 쿨하게 받아들이게 되었다. 어쩌랴, 이중모음이 잘못한 것을.

iced Americano	▶	아이스 아메리카노	▶	아아
work life balance	▶	워크 라이프 밸런스	▶	워라밸
case by case	▶	케이스 바이 케이스	▶	케바케

여기서 눈썰미 좋은 독자라면, 이중모음이 살짝 억울하다는 생각을 할 것이다. 1음절짜리 *ice*가 3음절짜리 아이스가 된 것이 전부 이중모음의 잘못만은 아니잖아. 그렇다. 한 개의 이중모음 i[ay]가 두 개의 단모음 아이로 늘어난 것뿐만 아니라, 마지막 자음 [s]가 스라는 독립적인 음절을 이룬 것도 일조했다. 스의 독립에는 모음 ㅡ의 첨가가 필수적인 역할을 했다는 것을 주목하자. 모음 없는 음절이란 불가능한 것이므로. 또한 1음절짜리 *work*가 2음절짜리 워크가 되어 음절 하나가 더 늘어난 것도 마지막에 첨가된 모음 ㅡ의 공로다. *ice, case, life, work*의 마지막 자음 s, f, k를 한글의 종성으로 바꾸어 아잇, 케잇, 라잎, 웤으로 표기하면 (우리말의 말음법칙으로 인해) 본래의 소리 음가가 손실되기 때문에 이를 방지하기 위해 모음 ㅡ를 붙여 자음의 음가를 살려준 것이다. 이로 인한 음절 추가는 덤이다.

ice (1음절)	▶	아잇 (x)	▶	아이스 (3음절)
case (1음절)	▶	케잇 (x)	▶	케이스 (3음절)
life (1음절)	▶	라잎 (x)	▶	라이프 (3음절)
work (1음절)	▶	웤 (x)	▶	워크 (2음절)

때에 따라서는 ㅡ 대신 ㅣ 모음을 추가하기도 한다. *badge*가 뱃이 아닌 배지가 되고, *touch*가 텃이 아닌 터치가 되는 것도 같은 이치다.

badge (1음절) ▶ 뱃 (x) ▶ 배지 (2음절)

touch (1음절) ▶ 텃 (x) ▶ 터치 (2음절)

이뿐만이 아니다. 우리의 모음 ㅡ는 종횡무진 오지랖이 넓다. 초성에 자음이 우루루 몰려있을 때도 놓치지 않고 꼭 끼어든다. *strike*를 예로 들어 보자. 이 단어도 이중모음 *i*[ay] 하나만 있는 1음절 단어다. 그러나 한글에서는 초성에 자음을 하나 이상 표기할 수가 없다. ㅅㅌㄹㅏ익, 이런 식으로 말이다. 영어에서는 한 음절의 초성에 자음을 최대 4개까지 허용하지만 우리말에서는 초성으로 자음 하나만 허용하기 때문이다. 종성도 마찬가지다. 그래서 매 자음마다 어김없이 모음 ㅡ를 끼워 넣어 기어코 5음절짜리 단어를 만들어 버린다.

strike (1음절) ▶ ㅅㅌㄹㅏ익 (x) ▶ 스트라이크 (5음절)

그러니 2음절짜리 *Starbucks*가 4음절짜리 스타벅스가 되는 정도는 가벼운 애교 수준이다. 이렇게 음절 수를 두 배로 늘려놓았으니, 초성 *st*의 중간을 무지막지하게 잘라서 스벅이라고 줄이는 것도 이해가 된다. 다시 2

음절로 돌아간 것뿐이다.

Star.bucks (2음절)　▶　스.타.벅.스 (4음절)　▶　스벅 (2음절)

그나마 한국어는 종성에 자음을 한 개 허용하긴 하지만, 일본어는 ン[n/ng]을 제외하고는 종성을 전혀 허용하지 않기 때문에, 모음이 더 많이 첨가되고, 그에 따라 음절 수도 점점 더 길어진다. 맥도날드가 일본에선 マクドナルド[마그도나르도]라고 불린다는 사실을 앞에 언급했었다. 종성을 허용하지 않는 일본어의 CV자음+모음 음절 구조 때문이다.

McDonald's (3음절)　▶　맥도날드 (4음절)　　〈한국어〉

McDonald's (3음절)　▶　마그도나르도 (6음절)　〈일본어〉

이렇듯 언어마다 음절의 구조와 구성 요건이 다르다. 영어를 비롯한 게르만 언어는 자음이 여러 개 겹치는 것을 허용하고, 이탈리아어나 스페인어는 자음이 겹치는 것을 싫어한다. 다시 말해 이런 언어에는 자음과 자음의 사이사이에 모음이 많이 들어간다는 뜻이다. 그래서 이탈리아어나 스페인어는 노래 부르기 더 쉬운 언어라고 하지 않는가. 모음이 있어야 소리를 지속해서 끌어줄 수 있기 때문이다.

정리하자면, 각 언어가 허용하는 음절 구조, 즉, 이중모음의 형태와 음절 당 허용하는 자음 수가 다르기 때문에, 외래어로 차용되는 단어의 음절 수는 얼마든지 늘어나거나 줄어들 수 있다. 또한 이런 연유로 줄임말의 형태도 다소 괴이하게 변할 수 있는 것이다. 마찬가지 이유로 '일과 생활의 균형'을 그토록 중시한다는 영어권 국가에서 아무리 바빠도 *Work Life Balance*를 워라밸이라고 절대로 줄여서 말하지 않는다. *Life*의 이중모음 중간을 쪼갤 수 없어서이기도 하지만 애초에 줄일 이유가 별로 없다. 어차피 *Work Life Balance*가 본래 4음절이라 3음절로 줄여도 큰 이득이 없다. 가성비가 안 좋은 것이다. 글로 쓸 때는 *WLB*라고 줄이기도 하는데, 이때는 15자가 3글자로 줄어드니 이점이 있어서일 것이다. *WLB*로 줄여 쓴다 해도 읽을 때는 *double u el bi* 5음절이기 때문에 굳이 *WLB*라고 줄일 이유가 없다. *Case by Case*의 경우도 마찬가지다. 영어에서는 애초에 3음절밖에 안 되는지라, 이중모음 문제가 없더라도 케바케로 줄일 이유가 전혀 없다. 줄이는 노동값도 안 빠진다. 그렇지만 한국어로 바꿀 경우에는 상황이 완전 다르다. 워크 라이프 밸런스나 케이스 바이 케이스나 둘 다 8음절이나 되니 3음절짜리 워라밸이나 케바케로 줄여 쓸 동기가 충분하다.

| work life balance (4음절) | ▶ | 워크 라이프 밸런스 (8음절) | ▶ | 워라밸 (3음절) |
| case by case (3음절) | ▶ | 케이스 바이 케이스 (8음절) | ▶ | 케바케 (3음절) |

인싸든 아아든 다 이유가 있어서 그렇게 줄이는 것이니 뭐 다 이해한다. 단, 이 점은 명심하자. 워라밸과 *케바케*로 줄여 쓰는 분들은 혹시 외국인이 우리말 이중모음의 허리를 뚝 잘라 먹더라도 쿨하게 넘길 준비를 하는 게 좋다. 앞에서 인소인쇄물 예도 들었지만, 야자야간 자습를 이자라고 줄이고, 별다줄별걸 다 줄인다을 비다줄이라고 줄이며 황당한 지점에서 이중모음을 토막 내더라도 입틀막입을 틀어 막고하고 의연하게 넘어갈 각오 말이다.

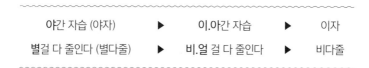

| 야간 자습 (야자) | ▶ | 이.야간 자습 | ▶ | 이자 |
| 별걸 다 줄인다 (별다줄) | ▶ | 비.얼 걸 다 줄인다 | ▶ | 비다줄 |

이것이 인싸의 올바른 자세다.

아이돌 외계어의 비밀 :
바디를 자를까, 라임을 놔둘까?
언어유희와 음절 구조

몇 년 전 한 TV 예능 프로그램에서 아이돌 그룹 출연자들이 소위 '외계어'로 대화하는 장면을 본 적이 있다. 예를 들면 이런 식이다.

> 〈아이돌 외계어〉
>
> A: 아반녀병하바세베요뵤
>
> B: 우수리시 오소느슬 자살 하사자사
>
> A: 화봐이비티빙

이게 도대체 뭐라는 말인지, 당황스럽기도 하고 신기하기도 하다. 더욱 흥미로운 점은 이 외계어에는 두 가지 버전이 있는데, A는 'ㅂ' 버전으로, B

는 'ㅅ' 버전으로 말한다는 것이다. 다시 말해, 이 외계어에는 심지어 방언도 있다는 소리다. A는 ㅂ 방언을, B는 ㅅ 방언을 사용한다. 서로 다른 말을 하는데 상호 간에 알아들을 수 있으니 이 둘은 다른 언어가 아니라 같은 언어의 방언으로 봐야 할 것이다.

tvN 〈놀라운 토요일〉 (2020.2.8)

이 둘이 무슨 말을 하는 건지 아시겠는가? 이를 일반 한국어로 통역하면 이렇다.

〈일반 한국어〉
A: 안녕하세요
B: 우리 오늘 잘 하자
A: 화이팅

자, 이제 이 외계어가 어떻게 만들어진 건지 파악이 되는가. 아직 모르겠다고? 그럼 시간을 드릴 테니 찬찬히 맞춰 보기 바란다.

사실 나는 개인적으로 이와 비슷한 종류의 말을 들어본 적이 있다. 결혼한 지 얼마 안 됐을 때인데, 시어머니께서 갑자기 남편에게 정체 모를 말로 말씀하시는 거다. 처음에는 일본어를 하는 줄 알았는데 그게 아니었다.

〈노사 암호말〉

시어머니: 너노사희 오노사늘 나노샂에 뭐노사 해노샀니?

남편: 벼노살거 아노산 해노샀어요.

그때는 날 왕따시키시려는 건가 싶어 기분이 좀 상했던 것 같다. 순전히 내가 알아듣지 못하게 하려는 목적으로 시어머니께서 남편과 둘만 아는 비밀 암호말을 하는 것이니까. 무슨 대단한 비밀 얘기를 하려고 암호말까지 쓰시나. 그러나 그냥 당할 내가 아니지, 명색이 언어학자인데. 좀 주의를 기울이니 노사가 반복되는 것이 들렸고 난 곧 노사를 끼워 넣는 규칙을 찾아내어 암호를 풀 수 있었다. 알고 보니 별 말도 아니었다. 뭐 이런 걸 묻는데 암호까지 쓰시나.

〈일반 한국어〉

시어머니: 너희 오늘 낮에 뭐 했니?

남편: 별거 안 했어요.

이 '노사어'는 시어머니께서 어렸을 때 동네 친구들끼리 쓰시던 말이라는데, 그 후로도 종종 시댁 식구들은 내가 듣기에 껄끄러운 얘기들은 이 암호말을 이용하여 대화하곤 했다. 난 계속 못 알아듣는 척하며 그 '비밀'을 몰래 해독하고 있었지만.

인간은 참 이상한 존재다. 상호 소통을 위해서 언어를 사용하지만, 동시에 소통을 막기 위해서도 언어를 사용하니 말이다. 외계어, 암호말, 도깨비말 등 여러 이름으로 불리는 이 비밀스러운 말들은 이 외에도 동네마다 여러 버전이 존재한다(여러분도 어렸을 때 친한 친구들끼리만 사용하던 암호말이 있었다면 저에게 제보 부탁드린다). 한국어뿐만 아니라 다른 언어에도 많이 존재한다. 이런 말들은 기본적으로 남들은 알아듣지 못하고 작은 집단의 멤버들, 즉 자기들끼리만 알아들을 수 있도록 하는 데에 그 목적이 있다. 그렇다고 뭐 대단한 비밀을 수호하기 위해서라기보다는(진짜 비밀 유지가 필요한 스파이들이 이런 허술한 암호를 사용하다가는 금방 발각되고 말거다) 내부자들끼리만 통하는 이런 서브 언어를 사용함으로써 그룹의 정체성을 유지하고 결속을 공고히 함과 동시에, 이런 게임 같은 언어유희를 통해 은밀한 재미와 쾌감을 누리는 것이다. 유희를 즐기는 호모 루덴스Homo Ludens로서의 인간의 면모가 발휘되는 지점이다.

그렇기 때문에 이런 도깨비말들은 규칙이 너무 어려우면 안 된다. 적당한 연습으로 충분히 알아듣고 쓸 수 있어야 하기 때문이다. 서로 재미있자고 만든 도깨비말을 익히는데 외국어를 배우듯이 몇 년씩이나 엄청난 시간과 노력을 들여야 한다면, 놀이로서의 재미는 사라지고 내부 결속은커녕 머지않아 친구 관계에 금이 가고 그룹은 해체 위기에 놓일 것이다. 사실 기존 언어를 살짝만 비틀어도 규칙을 모르는 사람은 알아 듣기 힘들기 때문에 굳이 너무 어렵게 바꿀 필요도 없다.

그럼 이제 암호를 풀어보자. 우선 난이도가 상대적으로 낮은 우리 시대의 '노사어'를 먼저 살펴보겠다.

시어머니:	너희 오늘 낮에 뭐 했니?	
너희	▶	너노사희
오늘	▶	오노사늘
낮에	▶	나노샂에
뭐	▶	뭐노사
했니	▶	해노샀니

우선, 문장의 각 어절마다 노사를 하나씩 끼워 넣는다는 건 눈치챘을 것이다. 위 문장에는 5개의 어절이 있으니 총 5개의 노사가 들어간다. 각 어절의 첫 음절 다음에 끼워 넣는데, 첫 음절의 모양에 따라 다음의 두 가지 경우로 나뉜다.

1. **초성과 중성으로만 이루어진 음절의 경우:** 너희, 오늘, 뭐에서처럼 어절의 첫 음절에 종성(받침)이 없는 경우에는, 첫 음절인 너, 오, 뭐 다음에 바로 노사를 끼운 후, 나머지 음절을 붙이면 된다. 결과는 너노사희, 오노사늘, 뭐의 경우에는 음절이 하나뿐이므로 뭐에다 노사를 붙이면 끝이다. 뭐노사.

2. **종성이 있는 음절의 경우:** 낮에와 했니에서처럼 첫 음절에 종성받침이 있는 경우에는, 종성을 분리한 후 그 앞에 노사를 끼워준다. 예를 들어, 낮에의 경우에는 첫 음절인 낮을 나와 ㅈ으로 분리한 후 그 사이에 노사를 끼우면 나노사ㅈ이 되고, 여기에 나머지 음절인 에를 붙이면 끝이다. 결과는 나노샂에. 마찬가지로, 했니도 첫 음절인 했을 해와 ㅆ으로 분리한 후, 중간에 노사를 끼우는 것이다: 해노사ㅆ. 여기에 나머지 음절인 니를 붙여주면 해노샀니 완성!

말로 줄줄이 설명하자니 복잡해 보이지만 원리는 아주 단순하다. 한마디로 말하자면, 각 어절의 첫 [초성(자음)+중성(모음)] 다음에 노사를 끼워주는 것이다. 원리가 이해되었다면, 우리 남편의 대답은 복습 문제로 풀어보시라.

이제 '노사어'를 마스터했으니, 다음으로 난이도 중급인 '아이돌 외계어'를 배워 보자. A가 구사한 ㅂ방언부터.

A:	안 녕 하 세 요	
안	▶	아반
녕	▶	녀병
하	▶	하바
세	▶	세베
요	▶	요뵤

아이돌 외계어도 뭔가 끼워 넣는다는 면에서는 노사어와 마찬가지이지만, 가장 큰 차이는 매 어절마다가 아니라 매 음절마다 하나씩 끼워 넣는다는 것이다. 그래서 혀가 몹시 바빠진다. 매 음절마다 새 음절이 들어가다 보니, 5개의 음절로 이루어진 안녕하세요는 음절 수가 두 배인 10음절짜리 아반녀병하바세베요뵤로 몸집을 불리게 된다. 노사어라면 한 어절에 노사 하나만 끼워 넣으니 아노산녕하세요로 끝날 텐데 말이다.

자, 이제 이 외계어에서는 무엇을 어떻게 끼워 넣는지 보자. 이번에도 두 가지 경우로 나뉜다.

1. **초성과 중성으로만 이루어진 음절의 경우**: 하, 세, 요처럼 초성과 중성으로만 이루어진 음절의 경우에는, ㅂ에다 앞 음절의 중성모음을 복사하여 만든 음절 [ㅂ+복사한 중성]을 추가한다. 하의 경우에는 중성이 ㅏ이니 바를 붙여서 하바가 되고, 세의 경우에는 중성이 ㅔ이니 베를 붙여 세베가 되고, 요의 경우에는 중성이 ㅛ이니 뵤를 붙여 요뵤가 되는 것이다.

2. **종성이 있는 음절의 경우**: 안, 녕에서처럼 음절에 종성받침이 있는 경우에는, 종성을 떼어낸 [초성+중성] 다음에 [ㅂ+복사한 중성]을 붙여주고 나서 나머지 종성을 붙여주면 된다. 안은 아와 ㄴ으로 분리한 후 중간에 [ㅂ+복사 중성]인 *바*를 끼워 넣어서 *아반*이 되고, 녕은 녀와 ㅇ으로 분리한 후 사이에 *벼*를 넣어서 *녀병*이 되는 것이다.

이와 똑같은 규칙을 적용하되 붙여주는 자음만 ㅂ이 아닌 다른 자음으로 바꿔주면 다른 방언이 된다. 위에서 B가 구사한 ㅅ방언처럼 ㅅ으로 대체할 수도 있고, 여타의 자음으로 다 대체가 가능하니 자음 수만큼의 방언을 생산해 낼 수 있는 아주 유연한 언어다. 필요할 때마다 자음 가면을 바꿔써가며 시시때때로 위장할 수 있는 둔갑술에 능통한 언어라 할 수 있겠다.

지금쯤 눈썰미 있는 독자라면 노사어와 아이돌 외계어의 규칙에 공통점이 있다는 것을 발견했을 것이다. 그렇다. 1. 초성과 중성으로만 이루어진 경우와 2. 종성까지 있는 경우로 나뉜다는 사실 말이다. 이런 구분이 계속 언급된다는 것은, 한국어에서 이 구분이 중요하다는 뜻이다. 다시 말해, 한국어의 음절은 초성+중성이 하나의 단위로 묶이고 종성은 분리될 수 있다는 사실을 뜻한다. 초성과 중성을 하나로 묶은 단위를 언어학에서는 음절체 바디 body라고 부른다. 노사어와 아이돌 외계어는 서로 아무런 관계없이 만들어진 말이고 각자 끼워 넣는 소리도 다르지만, 놀랍게도 그 위치는 한결같이 바디초성+중성와 종성 사이라는 점에 주목하자. 그 지점이 분리 가능한 지점이라서 그렇다. 그리고 그 지점이 분리 가능한 이유는 한국어에서 바디가 음절의 하부 구성단위이기 때문이다. 이는 영어와 같이 라임rime/rhyme을 음절의 하부 구성단위로 갖는 언어들과 구별되는 특징이다.

시의 운율에 관심이 없는 사람이라도 힙합 음악 좀 들어본 사람이라면 라임을 맞춘다는 말에 익숙할 것이다. 예를 들어, 영어의 can과 fan, book과 hook처럼, 초성을 제외하고 중성과 종성이 같으면 라임이 맞는다고 한다. 즉, **라임**rime/rhyme은 음절의 중성과 종성을 하나로 묶는 단위다. 모든 음절은 초성onset+중성nucleus+종성coda으로 이루어지는데, 한국어와 같은 언어는 초성과 중성을 먼저 바디body로 묶어 [[초성+중성]body+종성]와 같은 음절구조를 이루는 반면에, 영어는 중성과 종성을 먼저 라임rhyme으로 묶어 [초성+[중성+종성]rime]과 같은 음절 구조를 갖는다. 한국어는 바디가 중요하고 영어는 라임이 중요하다.

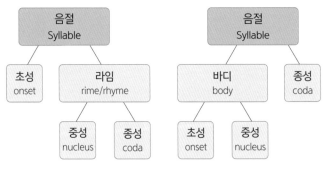

음절 구조: 영어(왼쪽), 한국어(오른쪽)

아니 도깨비말 얘기하다 말고 음절의 내부 구조가 여기서 왜 나오냐고? 우리가 말을 할 때 전혀 의식하고 있지는 않지만, 우리 머릿속에 견고하게 심겨져 있는 음절 구조와 같은 모국어 지식이 우리의 언어생활에 지대한 영향을 미치고 있기 때문이다. 아무 생각 없이 게임하듯 외계어나 암호말을 만드는 언어유희를 할 때조차 신기하게도 자기 모국어의 음절 구조에 맞추어 만들게 되어 있는 것이다. 그렇게 하지 않으면 뭔지 모를 불편함을 느끼게 된다. 아이돌 외계어나 노사어를 누가 처음 만들었는지 모르겠지만 단언컨대 한국어의 음절 구조를 알고 만들진 않았을 것이다. 그러나 의식하지 않아도 그냥 자연스럽게, 라임 앞이 아니라 바디 뒤에 뭔가를 끼워 넣게 되는 것, 이것이 모국어의 위엄이다.

그렇다면 영어 모국어 화자는 암호말을 만들 때도 음절체 바디초성+중성가 아닌 라임중성+종성을 중시한단 말인가? 바로 그렇다. 영어의 대표적인 암호말인 Pig Latin을 한번 보자. '돼지가 쓰는 라틴어', 즉 엉터리 라틴어라는 뜻의 Pig Latin은 사실 라틴어와는 아무 관계가 없다. 다만 끝에 ay라는 소리를 붙여서 마치 라틴어와 같은 느낌이 들 뿐이지 순전히 영어를 변형시킨 암호말 놀이다. 매 단어가 '~아이'라고 길게 끌려 들리면 마치 카톨릭 미사에 울려 퍼지는 라틴어와 같은 착각이 드는 모양이다. 아래의 돼지 라틴어 문장이 무슨 말인지 짐작해 보시라. 살짝 힌트를 드리자면, 중간에 끼워 넣는 것이 아니라 잘라서 뒤로 보내는 게 주요 전략이다.

Ancay	ouyay	eakspay	igpay	atinlay?	〈Pig Latin〉
안케이	우예이	익스페이	이그페이	아틴레이	

정답을 보통의 영어로 통역하면 이런 말이다.

Can	you	speak	Pig	Latin?	〈English〉
캔	유	스피크	피그	라틴	

사실 살짝만 바꿨을 뿐인데 전혀 다르게 들리지 않는가? 누가 안케이 우예이 익스페이 이그페이 아틴레이?를 캔 유 스피크 피그 라틴? 이라고 짐작하겠는가? Pig Latin의 원리는 사실 별 게 아니다. 매 단어의 첫 음절의 일부를 잘라서 단어 맨 끝으로 보낸 후 그 뒤에 ay를 붙이는 게 규칙이다. 여기서 중요한 점은 어디를 자르냐는 것이다.

c.an	▶	an.c.ay
y.ou	▶	ou.y.ay
sp.eak	▶	eak.sp.ay
P.ig	▶	ig.p.ay
L.atin	▶	atin.l.ay

그렇다. 끊어내는 지점이 정확히 초성과 라임 사이이다. 위의 왼쪽에 있는 단어에 점.으로 표시한 지점이다. 초성인 자음을 잘라내어 단어 뒤로 보낸

후 ay를 붙여 완성한다. 예를 들어, *can*에선 초성 *c*와 라임 *an* 사이를 끊어, 잘라낸 초성 *c*를 라임인 *an* 뒤에 붙인 후 ay를 첨가했고, *Latin*에선 첫 음절의 초성 *l*과 라임인 *a* 사이를 끊어, 떼어낸 초성 *l*을 단어 맨 뒤에 붙인 후 역시 또 ay를 덧붙였다. 결과물을 보라. 모두 모음으로 시작하지 않는가? 첫 음절의 초성을 떼어내면 라임, 즉 중성+종성이 남게 되니, 모음으로 시작하는 것이 당연한 결과다.

그러나 만일 *can*이 한국어였다면, 캔을 캐와 ㄴ으로 분리하지, 결코 ㅋ과 ㅐ으로 분리하는 일은 없을 것이다. 캔을 캐와 ㄴ으로 분리하는 것이 한국어 화자의 언어 본능이라면, *can*을 *c*와 *an*으로 분리하는 것이 영어 화자의 언어 본능이다. 전통적으로 영어 시poem는 라임을 주로 맞추지만, 한국어 시는 각운을 많이 맞추지 않는 것도 이와 무관하지 않을 것이다. 그저 각자의 언어 본능에 충실했을 뿐이다.

나하우후,　　캐핸　유휴　어헌더허스흐태핸드흐?　　〈외계어 ㅎ 방언〉
esyay!　　　　　　　　　　　　　　　　　　　〈Pig Latin〉

외계인도 아니고 돼지도 아닌 지구인을 위한 번역을 덧붙이자면,

나우, 캔 유 언더스탠드? Now, can you understand?
yes!

human
language

III.
진화 혹은
퇴화하는 어휘

machine
language

휴랭 머랭.

이게 도대체 머랭(뭐래)??

못 알아듣는 게 당연하다. 우리 시대 언어의 특징을 딱 두 가지로만 요약하라면, 하나는 외래어 사용, 다른 하나는 줄임말이라고 할 수 있을 텐데, 휴랭 머랭은 이 두 가지 특징을 한몸에 담고 있는 human language와 machine language의 줄임말이다.

　외국어를 무분별하게 들여오고 또 이를 마구잡이로 자르고 섞고 붙여서 말도 안 되는 이상한 신조어를 만들어내는 것 같아도, 여기에는 우리만의 엄연한 규칙과 질서가 존재한다. 제 아무리 대단한 영어 단어가 들어오더라도 우리말의 규칙에 어긋나면 어김없이 형태가 바뀌고 잘려나가게 되어 있다. 그래서 *human language*는 영어에서처럼 흄랭hum lang으로 줄여지지 못하고, 한국어에서는 가차 없이 휴랭이 되어 버린다.

　'machine language, meringue, 뭐래?'라는 삼중적 의미로 쓰이는 동음이의어 *머랭* 또한 신조어에 공통적으로 작용하는 생성 원리가 있음을 보여준다. '놀이의 인간' 호모 루덴스Homo Ludens의 유희 본능이 신조어 생성의 유쾌한 동력으로 작용하고 있으니, 잠시 못 알아듣는 순간의 불편을 감수한다면 신선한 즐거움이라는 보상이 기다리고 있지 않은가. 이렇듯 여러 가지 어휘 실험이 일어나고 있다는 것은 그 언어가 생생히 살아있다는 증거이며, 따라서 퇴화보다는 진화의 길을 걷고 있을 공산이 크다.

'짜파구리' 블렌딩 :
<기생충>의 Ramdon
조어 방식

오스카상이라 불리는 아카데미상 시상식은 이제 우리에게도 전혀 낯설지 않은 풍경이 되었다. 코로나 감염병의 세계적 유행으로 인해 안팎으로 별 신통한 뉴스를 접하기 힘들었던 시기에 한국 영화가 2년 연속 수상하며 신나는 소식을 전해주었으니, 항상 남의 얘기 같던 아카데미상에 대한 거리감이 급격히 좁혀지며 은근히 친근감이 들 정도다. 2021년에는 윤여정 배우가 <미나리>로 쟁쟁한 후보들을 제치고 여우조연상을 거머쥐면서, 특유의 재치 있는 입담을 과시하는 수상 소감으로 전 세계 영화팬들에게 즐거움을 선사하였다. 이보다 1년 먼저 2020년에는 봉준호 감독의 <기생충>이 미국 아카데미 시상식에서 역사상 비영어권 영화로는 처음으로 작품상을 비롯하여 감독상, 각본상, 국제장편영화상 등 4개 부문에서 수상하였다. 이때는 그야말로 한국 영화계에 처음 있는 역사적인 사건이었던지라 그 놀라움과 기쁨이 더욱 컸던 거 같다. 당시 영화계 전문가들과 국내외 언론들이 연일 이 대이변의 원인과 배경에 대해 다양한 분석과 해석을 앞다투어 내놓았는데, 그중 유난히 나의 눈길을 끌었던 분석이 하나 있었으니 바로 〈기생충〉의 자막 번역에 관한 기사였다.

〈기생충〉이 언어와 문화가 다른 글로벌 영화 관객들에게 환영을 받은 것은 한국이라는 지역을 넘어서 공감을 불러일으킨 주제의 보편성과 이를 영화라는 공통의 비주얼 언어로 탁월하게 풀어낸 뛰어난 감독이 있었기 때문이다. 그런데 이 지극히 한국적인 이야기가 이방인들에게 좀 더 자연스럽게 다가갈 수 있었던 데에는 문화 차이까지 고려한 '센스 있는' 자막 번역도 한몫했다는 게 중평이다. 그 재치 있는 문화 번역의 한 예로 언급된 것이 짜파구리를 대체하여 번역한 신조어 Ram-don람동이다.

람동? 어라, 이 단어가 귀에 꽂히며 언어학자인 나의 신경을 자극한다.

*짜파구리*는 알다시피 인스턴트 짜장라면의 이름인 짜파게티와 우동의 이름 너구리를 섞어 만든 영화 속 신조어다. *짜파게티*의 앞부분인 *짜파*와 *너구리*의 뒷부분인 *구리*를 잘라 붙인 말로, 전문용어로는 **혼성어** 또는 **블렌딩**[portmanteau] blending이라 부른다. '짧음이 선함'으로 통하는 SNS 언어의 영향으로 웬만한 말은 다 줄여 쓰는 것이 대세인 탓인지 최근 많은 신조

어가 블렌딩 형식으로 만들어지고 있지만, 사실 블렌딩은 어느 날 갑자기 생긴 조어 생성 방식이 아니다. 블렌딩은 그 초기 기록을 14세기까지 거슬러 찾아볼 수 있을 만큼 오랜 역사를 지닌 낯설지 않은 조어 방식이다. 우리가 흔히 아는 영어의 예를 들자면 *brunch*브런치나 *motel*모텔 등이 있다. *brunch*는 *breakfast*의 *br*와 *lunch*의 *unch*가 합쳐져서 만들어진 말이고, *motel*은 *motorcycle*의 *mo*와 *hotel*의 *tel*이 합쳐진 말이다.

짜파(게티)	+	(너)구리	▶	짜파구리
br(eakfast)	+	(l)unch	▶	brunch
mo(torcycle)	+	(ho)tel	▶	motel

What the hell is ram-don?

영화 〈기생충〉(2019)

〈기생충〉의 자막을 번역한 노련한 번역가 달시 파켓Darcy Paquet은 외국인이 이해하기 어려운 *짜파구리* 대신, 영어권 관객들에게도 널리 알려진 음식인 라면과 우동의 영어식 표기, 즉 *Ramen* 혹은 *Ramyeon*과 *Udon*을 잘라 붙여서, *Ramdon*이라는 새로운 단어를 만들어냈다고 말했다. *Ramen*의 *Ram*과 *Udon*의 *don*을 합한 블렌딩의 전형적인 예다.

Ram(en)   +   (U)don   ▶   Ramdon

언어학적으로는 그저 또 하나의 흔한 혼성어일 뿐인데 *Ramdon*이 왜 이렇게 귀에 거슬렸을까? 처음 듣는 단어라서? 물론 아니다. 어차피 *짜파구리*도 신조어인데 뭐. 람동이 신경 쓰였던 건 내가 영어 원어민이 아니라 한국어 원어민이기 때문이다.

만일 당신이 *Ramen*과 *Udon*으로 혼성어를 만든다면 어떻게 만들었을 거 같은가? *Ramdon*이라고 했을까? 아니면 *Radon*이라고 했을까? 모르긴 해도 *Radon*Ra+don이라고 했을 가능성이 훨씬 높다. 한국 사람들 귀에는 람동보다 라동이 훨씬 자연스럽다. 반대로 영어가 모국어인 번역자한테는 *Ramdon*Ram+don이 더 자연스러웠을 터다. 딱 한 끗 차이지만, m이 있냐 없냐가 영어냐 한국어냐를 가른다.

Ram(en)	+	(U)don	▶	Ramdon 〈영어〉
Ra(men)	+	(U)don	▶	Radon 〈한국어〉

왜일까? 문제는 *Ramen*을 끊어내는 지점인데, 영어 화자는 *Ram*에서 끊고 한국어 화자는 *Ra*에서 끊게 된다. 이런 차이가 나는 이유를 몇 가지로 생각해 볼 수 있다. 첫째는 한글의 표기 방식 때문일 수 있다. 한글은 음절에 극도로 예민한 문자다. 한 낱말이 몇 개의 음절로 이루어져 있는지를 확실히 눈으로 보여주는 문자이니 말이다. 음소 단위로 소리를 표시하는 표음문자 중에 이런 문자는 없다(음절 표기 문자로 중국어의 한자나 일본어의 가나를 떠올리는 사람도 있을 텐데, 한자는 표의문자라 애초에 소리를 표시하는 문자가 아니고, 가나는 syllabary라고 불리는 음절문자라 자음, 모음의 개별 음소 표시가 불가능하다). 대부분의 표음문자는 음소를 가로로(드물게는 세로로) 나열할 뿐이지, 음절이 어디에서 시작하고 끝나는지를 표시하는 문자는 한글 외에는 없다.

로마자 알파벳으로 쓴 *Ramen*과 *Udon*을 보아도 그렇다. 얼핏 봐서는 이 단어들이 몇 음절짜리인지 알기 힘들다. 도대체 각 음절이 어디에서 끝나고 어디에서 시작하는지 알 수가 없다. 그러나 한글은 다르다. 라면은 딱 봐도 2글자이니 2음절이고, 우동도 2글자이니 2음절이다. 만약 한글도 ㄹㅏㅁㅕㄴ이나 ㅇㅜㄷㅗㅇ과 같이 가로쓰기를 했다면 우리도 음절에 대해

명확히 인지하지 못했을 것이다. 한 문자 공간에 한 음절을 표시하는 한글의 표기 방식 덕분에 우리는 음절이 무엇인지 설명하지 않아도 이미 감을 갖고 있다.

로마자 알파벳	한글	
음소 표기	음소 표기	음절 표기
Ra.men	ㄹㅏㅁㅕㄴ	라면
U.don	ㅇㅜㄷㅗㅇ	우동

이런 특성을 가진 한글을 사용하는 한국 사람에게 라면과 우동을 합쳐서 혼성어를 만들라고 하면, 당연히 라동이라고 하지 않겠는가?

라(면)　　+　　(우)동　　▶　　라동

이것을 누가 굳이 람동이라고 할까?

람(연)　　+　　(우)동　　▶　　람동

그런데 그 이유가 꼭 한글 때문만은 아닌 것 같다. *Ramen*이나 *Udon*은 우리말에도 있는 단어라서 한글을 떠올릴 수 있지만, 사실 우리에게 로마자 알파벳으로 쓰인 다른 영어 단어를 주고 짧게 줄여보라고 해도 영어 화자와는 다른 곳에서 끊을 가능성이 높다. 이러한 차이는 한국어 사용자가 영어 단어를 절단 또는 클립핑clipping하여 줄여 말할 때 여실히 드러난다. 영어 공부 좀 해 본 사람들은 한때 Voca보카라고 쓰인 어휘집을 보며 단어를 외운 경험이 있을 것이다. 그런데 이 '어휘'라는 의미의 단어 vocabulary를 짧게 줄여 말할 때 영어 화자들은 절대 voca라고 하지 않는다. 영어에서 vocabulary의 클립핑 절단어는 voca가 아니라 vocab이다.

한국어의 '보카' 와 영어의 'Vocab'

블렌딩도 그렇고 클립핑도 그렇고 다 긴 단어나 구를 짧게 줄이자는데 목적이 있다. 길이로 따지자면 voca와 vocab은 둘 다 2음절이라 사실 음절 수에서는 차이가 없다. 이왕 음절 수에 차이가 없을 바에야 voca보다는 vocab이 더 좋은 선택이다. 왜냐하면 vocab은 b라는 정보를 추가로 포함하고 있으니 원래의 단어를 추리하는데 더 유리하기 때문이다. 이를 단어 복원력recoverability이 좋다고 말한다. 마구잡이로 잘라내면 본래 무슨 단어였는지 모를 수도 있으니 클립핑 절단어나 블렌딩 혼성어에서 복원력은 매우 중요한 요소다.

우리말도 종성을 허용하는 언어이므로 같은 값이면 단어 복원력이 더 좋은 보캅 혹은 보캡이라고 쓸 수 있는데도 왜 종성을 빼먹고 보카라고 할까? 종성을 붙이지 않는 예는 이것뿐이 아니다. 요즘 자동차에 빠지지 않고 장착되어 있는 길안내 장치 *Navigator*(우리는 *Navigation*이라고 부르지만)도 재미있는 예이다. 영어에서는 *Navigator/Navigation*을 줄일 때 *Navig*이라고 하는데, 우리는 이것도 *g*를 버리고 내비라고 한다. 흥미로운 점은 영어에서는 이를 더 짧게 1음절로 *Nav*라고 줄이기는 해도, 우리처럼 *Navi*라고는 하지 않는다. 또 다른 예로, 영화나 드라마의 *Romantic Comedy*로맨틱 코메디 장르를 줄여서 로코라고 부른다던데, 이것도 영어에서는 *Rom Com*이라고 줄인다. 같은 음절 수로 자른다면 영어는 다음 자음까지 끌어다가 종성까지 꽉 채워서 자르는 반면, 한국어는 중성 모음으로 끝낸다는 차이가 극명하다.

원어	영어 절단어	한국어 절단어
Vocabulary	Vocab	보카
Romantic Comedy	Rom Com	로코
Navigator (Navigation)	Nav(ig)	내비
Human Language	Hum Lang	휴랭

이 책의 제목으로 붙인 휴랭human language도 마찬가지의 예다. 한국어에서 일반적으로 쓰는 말은 아니지만, 우리 학생들은 *Human Language*인간 언어를 흄랭이라고 줄이지 않고, 휴랭이라고 줄인다. 영어권 학생들은 당연히 *Hum Lang*흄랭이라고 줄인다.

이뿐이 아니다. 우리말은 심지어 음절 수가 늘어나는 걸 감수하고서라도 모음으로 끝나는 열린 음절을 선호하는 경향이 뚜렷하다. 예를 들어, 영어에서는 1음절로 줄이는 *Ed(ucation)*, *Porn(ography)*, *Perm(anent)*를 우리는 굳이 모음을 더 붙여서 음절 수를 늘여가며 에듀, 포르노, 파마라고 한다(혹시 일본어의 영향인가 하는 의심도 해봤지만, 비교적 최근에 쓰기 시작한 에듀를 보면 꼭 그런 것 같지는 않다).

원어	영어 절단어	한국어 절단어
Education	Ed	에듀
Permanent (Wave)	Perm	파마
Pornography	Porn	포르노

이와 같이, 우리말에서 자음+모음cv, 즉 초성과 중성으로만 이루어진 열린 음절을 선호하는 경향은 아마도 **음절체 바디**body를 하부 구조로 둔 우리말의 음절 구조와 상관이 있을 것이다. 앞에서 아이돌 외계어에 대해 살펴보았을 때, 한국어와 영어의 언어유희 암호말 예에서도 한국어와 영어

의 음절 구조의 차이가 드러난다는 설명을 한 적이 있다. 그때 이미 바디와 **라임**rime/rhyme의 차이를 보았을 것이다. 한국어는 초성과 중성을 합친 바디를 중시하고, 영어는 중성과 종성을 합친 라임을 중시하는 언어라고. 기억을 상기하는 차원에서 영어의 pen과 한국어의 펜을 예로 들어 다시 한 번 살펴보자.

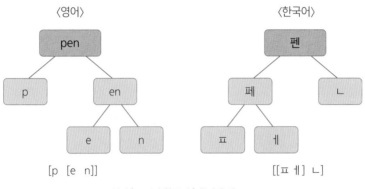

영어 'pen'과 한국어 '펜'의 음절 구조

pen과 펜은 둘 다 한 음절 단어로, 각각 p, e, n 과 ㅍ, ㅔ, ㄴ 의 초성, 중성, 종성, 세 개의 음소로 이루어져 있다. 그러나 영어와 한국어의 화자는 뜻도 같고 음도 같은 이 음절을 이해하는 방식이 다르다. 영어 화자는 pen이 p+en의 내부 구조를 가진다고 인식하고, 한국어 화자는 페+ㄴ의 내부 구조를 가진다고 인식한다. 다시 말해, 영어 화자는 pen이 en 앞에 p가 붙은 거라고 이해하고, 한국어 화자는 펜이 페 뒤에 ㄴ이 붙은 거라고 이해한다는 말이다. 이를 전문용어로 영어의 음절syllable은 초성onset과 라임rime/rhyme(중성+종성)의 내부 구조로 되어 있고, 한국어의 음절은 음절체 바디body(초성+중성)와 종성coda의 내부 구조로 되어 있다고 한다.

음절 구조라는 관점에서 보면, 영어는 중성과 종성을 합한 라임이 음절의 중요한 하부 단위라서, 단어를 줄일 때 음절의 라임을 종성까지 꽉 채우는 경향이 있다고 볼 수 있다. 즉 *vocab(ulary)*의 잘린 음절에 종성 *b*까지 붙여주는 형식을 택한다(사실은 뒤 음절의 초성 *b*를 앞 음절의 종성으로 끌어오는 것이다). 그리고 이렇게 하면 음절 수는 늘리지 않으면서도 단어 복원력을 높여주기 때문에 아주 바람직한 선택이 된다. 반면에, 한국어는 초성과 중성을 합한 바디가 중요한 하부 단위인 언어이므로, 종성을 채우지 않고 바디인 *ca*까지만 신경 쓰는 것이다(뒤 음절의 초성 *b*를 구태여 끌어오지 않고 그 앞에서 자르는 것이다). 그래서 *voca* '보카'가 된다. 다시 말해, 영어의 줄임말은 라임을 종성으로 꽉 채워 자음으로 끝나는 닫힌 음절closed syllable을 선호하는 반면, 한국어의 줄임말은 종성 없이 바디로 끝나는, 즉 모음으로 끝나는 열린 음절open syllable을 선호한다는 뜻이다.

다시 *Ramen*으로 돌아가 보자. 짜파구리를 대체할 신조어 블렌딩을 위해 *Ramen*을 한 음절로 줄일 때, 영어는 첫 음절의 라임중성+종성을 꽉 채우는 형식으로, 즉 종성 *m*까지 붙여서 *Ram*으로 자르게 되니 *Ram-don*이 되는 것이고, 한국어에서는 *Ramen* 첫 음절의 바디초성+중성 *Ra*만 따오게 되므로 *Ra-don*, 즉 라동이 훨씬 자연스러운 조어 형태가 되는 것이다. 도깨비말 같은 언어놀이를 할 때뿐만 아니라 블렌딩이나 클립핑과 같이 신조어를 만들 때도 화자들은 자기 언어의 음절 구조를 고려한다는 뜻이다. 물론 무의식적으로. 참으로 신통하지 않은가.

〈기생충〉의 인기에 힘입어 '짜파구리'가 해외에서도 출시되었다고 한다. 최소한 나에게 있어서 *Ramdon*은 읽는 것보다 먹는 것이 훨씬 쉬울 것 같다. 허나 음식 앞에서 골치 아픈 음절 얘기는 잊자. *m*이 있든 없든, 소고기가 들어있든 아니든, 짜파구리는 여전히 맛있을 테니까. 그런데 진짜 다행스러운 점! 알고 보니 *Ramdon*이 아니라 짜파구리ChapaGuri로 출시되었다네!

언택트untact는 왜
콩글리시일까?
조어 규칙

2020년 이후 코로나19 전염병의 대유행으로 인해 우리는 이전에는 들어보지 못했던 어휘들을 거의 매일 듣게 되었다. 팬데믹pandemic, 록다운 lockdown, 코로나 블루corona blue, 뉴노멀new normal 등등. 전 세계 사람들이 공통으로 겪는 전 지구적 문제여서인지, 급박하게 돌아가는 상황이라 미처 우리말로 바꿀 여유가 없어서인지, 혹은 글로벌 시대의 공용어를 쓰는 게 편해서인지, 쓰는 용어도 하나 같이 영어다. 이 중 눈에 띄는 애매한 표현이 하나 있으니 바로 언택트untact다. '비대면, 비접촉'을 뜻하는 이 단어는 요즘 표현을 빌자면 '영어인 듯 영어 아닌 영어 같은' 말이다.

'언택트' 재판 시대?…'원격 영상재판' 18일 부터 실시된다

중앙일보 | 입력 2021.11.16 16:19

언택트untact가 영어가 아니라고? '접촉, 대면'을 뜻하는 영어 단어 *contact*에다 반대를 나타내는 영어 접두사 un을 붙이고 이를 줄여서 만든 거 아닌가.

un　　+　　(con)tact　　▶　　untact 언택트?

컨택트와 언택트, 반대말끼리 라임도 딱딱 맞는 게 작명 센스가 돋보인다고 생각했는데 영어 단어가 아니란 말인가?

그렇다. 영어 모국어 화자들이 쓰지 않는 말이라는 점에서 *untact*는 영어 단어가 아니다. 영어권에서는 '비대면'이라는 뜻으로,

non-contact

no contact

contactless

zero contact

등의 표현을 쓴다. 언택트는 2018년 서울대 김난도 교수팀이 펴낸 〈트렌드 코리아 2018〉에 소개된 신조어라 하니, 태생이 대한민국인 콩글리시다.

유튜브 〈스브스뉴스〉 "언택트가 뭐야?" 콩글리시 처음 들은 외국인 반응 (2020.9.24)

그러나 언택트가 단지 태생이 대한민국이라서 콩글리시인 것은 아니다. 비영어사용국에서 만들어져서 영어권 국가로 역수입되어 쓰이는 영어 단어도 얼마든지 많다. 알고 보면 영어는 유독 다른 나라 어휘를 잘 차용해 쓰기로 유명한 언어다.

중세 이후 게르만어 본연의 조어 방식을 과감히 버리고 프랑스어와 라틴어로부터 대대적으로 어휘를 수입하는 습관을 들이더니, 이후 세계의 각종 언어로부터 수많은 단어를 수입해 왔다. 우리가 원래 영어 단어라고 알고 있는 말 중에, 라틴어나 프랑스어에서 온 단어는 너무 많아서 셀 수도 없고, 기타 다른 언어에서 빌려온 말도 엄청 많다. *shampoo*샴푸는 힌디어에서 오고, *ketchup*케첩은 중국어에서 오고, *sofa*소파는 터키어에서 온 말이라는 걸 아시는가. 이렇듯 영어 어휘의 반 이상이 어원이 다른 나라 말이다(80%에 달하는 어휘를 350여 개의 언어에서 빌려 왔다는 주장도 있다). 그 안에 우리말의 *Kimchi*김치도 들어있다. 그런데 이 사실은 영어의 약점으로 여겨지기보다는 오히려 영어가 글로벌 언어로 받아들여지는 데 큰 공헌을 한 영어의 대표적인 장점으로 평가되고 있다. 거부감은 줄이고 표현력은 그만큼 높여준 셈이니까.

태생이 문제가 아니라면 언택트도 영어로 역수입되어 영어 어휘의 일부가 될 수 있는 거 아닌가? 단어를 줄인 게 문제인가? 아니다. 언택트가 단어를 잘라 붙여 만든 말이라서 콩글리시인 것도 아니다. '별다줄'은 우리말에만 있는 것이 아니다. 끊임없이 빠르게 변화하는 인터넷 세상을 사는 영어 화자들도 '별걸 다 줄여' 온갖 새로운 신조어를 만들어내고 있다. 코로나와 관련하여 탄생한 영어 신조어 중에도 두 단어를 짧게 줄여 붙인 형태가 많다.

corona	+	(va)cation	▶	coronacation	코로나 휴가
coro(na)	+	(eco)nomics	▶	coronomics	코로나 경제
cov(id)	+	idiot	▶	covidiot	코로나 바보
covi(d)	+	divorce	▶	covidivorce	코로나 이혼

코로나와는 관계없지만 *untact*처럼 줄여진 단어 앞에 *un*과 같은 접두어를 붙인 경우도 많이 있다.

auto	+	bio(graphy)	▶	autobio	자서전
multi	+	(com)plex	▶	multiplex	복합상영관
re	+	hab(ilitate)	▶	rehab	재활(하다)
tele	+	com(munication)	▶	telecom	텔레콤

위에서 보듯이 언택트를 만든 방식과 매우 유사한 절단클립핑 clipping이나 접두prefixing는 수백 년 전부터 존재하던 영어의 조어 방식이고 이들의 혼합도 심심치 않게 볼 수 있다.

태생 때문도 아니고 조어 방식 때문도 아니라면 대체 무엇 때문에 언택트가 콩글리시라는 것일까? 왜 영어 화자들은 훨씬 깔끔하고 신박하게 들리는 언택트를 안 쓰고 굳이 길고 번거로운 표현들을 쓰는 걸까? 이런 말이 있는 줄 몰라서 그러나? 아니다, 아쉽지만 알아도 어딘가 어색하게 느껴져서 받아들이지 않는 것이다. 그 이유를 한마디로 말하자면, 언택트untact가 접두사 un을 붙이는 영어의 조어 규칙에 어긋나기 때문이다. 그래서 그들 귀에는 이 낱말이 '비대면, 비접촉'이라는 뜻으로 받아들여지지 않아서이다.

아니, un은 부정을 나타내는 접두사 아닌가? *contact*를 클립핑으로 잘라낸 *tact*에 부정접두어 *un*을 붙이면 반대말이 되는 거지, 뭐가 틀리다는 거지? 거 참 까다롭게 구네. 영어 화자에게 도대체 뭐가 문제냐고 물으면 정확한 조어 규칙을 인지하고 있거나 똑부러지게 설명하지는 못하겠지만 다들 막연하게 이상하다는 감을 갖고 있을 것이다. 콕 집어 설명하지는 못하지만 그냥 자연스레 감으로 알고 있는 이것, 이것이 바로 모국어 화자라면 누구에게나 머릿속에 콕 박혀있는 어마어마한 모국어 지식이다.

그렇다면 접두사 un의 접두어 조어 규칙을 한번 살펴보자.

첫째, 영어의 접두사 un은 형용사에 붙어 반대의 의미를 나타내지만 명사에는 붙지 않는다. *unable*, *unfair*, *unhappy* 등이 떠오를 것이다. 그러

나 *contact*라는 단어는 '접촉, 대면'이라는 뜻의 명사로 쓴 것이니 적용이
안 된다.

able	unable
fair	unfair
happy	unhappy
stable	unstable

잠깐, *un*은 동사에도 붙지 않나요? 맞다. *undo, uncover, untie* 등 동사에
도 붙는다. 최근 유튜브에서 들불처럼 번진 언박싱unboxing은 '상자포장하
다'는 뜻의 동사 *box*에 부정접두사 *un*을 붙여 '상자포장을 열다'라는 뜻
의 반대말 동사 *unbox*가 된 것이고, 이 동사에 접미사인 *ing*을 붙인 것이
다. 주의할 점은 여기에서 *box*는 명사 '상자'가 아닌 동사 '상자포장하다'
이다. 다시 말하지만, *un*은 명사에 붙지 않는다.

box	**un**box
cover	**un**cover
do	**un**do
tie	**un**tie

유튜브 〈김숙티비〉 (2021.6.28)

그렇다면, *contact*는 '접촉하다'라는 뜻의 동사도 되니까, 동사 *contact*에 *un*을 붙이면 안 되나요? 아주 좋은 질문이다. 하지만 안타깝게도 동사 *contact*에는 *un*을 붙이기 힘들 거 같다. *un*은 동사에 붙으면 '그 동사 행위 이전의 상태로 되돌린다'는 뜻이 된다. 단순한 부정이 아닌 '되돌리다'라는 역방향성을 가진 부정접두사가 되는 것이다. *unbox*는 *box* 박스 포장한 것을 포장 이전 상태로 여는 것이고, *undo*는 *do* 한 일을 안 한 상태로 되돌리는 것이고, *uncover*는 *cover* 덮어두었던 것을 드러내는 것이고, *untie*는 *tie* 묶은 것을 다시 푸는 것이다. 만약 *uncontact*라는 동사가 있다면, 우선 *contact*라는 행위가 일어나고 이를 *contact* 이전 상태로 되돌린다는 뜻이 되어야 할 것이다. 즉, 우선 접촉을 했다가 다시 접촉 이전 상태로 되돌리거나, 대면을 했다가 대면 이전의 상태로 되돌린다는 뜻이어야 한다. 다시 말해 '접촉했던 걸 떼어내다, 탈착하다' 정도의 뜻이랄까. 결국 비대면이 되기 위해선 대면이 먼저 전제되어야 한다는 것인데, 이는 우리가 생각하는 비대면의 뜻이 아닐 것이다. 만일 방역당국이 이런 방식의 '비대면'을 권고했다가는 애초에 아니한만 못한 결과를 초래할 것이다.

따라서 영어 화자에게 *untact*는 *contact*의 반대말로 들릴 가능성이 매우 희박하다. 오히려 뭔가 *tact*가 들어간 형용사에 *un*을 붙여 만든 반대말을 줄인 걸로 이해될 가능성이 높다. 굳이 형용사 후보를 찾아보자면, *contact*의 *tact*와 어원이 같은 '촉각의, 촉각을 이용한, 손으로 느끼는'이라는 뜻의 *tactile*이나 *tactual*을 떠올리게 될 것이다. 그렇기 때문에 *untact*는 이들 형용사의 반대말인 '촉각이 아닌, 촉각을 사용하지 않은'이라는 뜻으로 이해될 개연성이 더 크다. 우리가 원하는 '비대면, 비접촉'과는 거리가 있다.

*untact*가 안된다면 '비대면'을 영어로 좀 산뜻하게 줄여 쓸 수는 없는 건가? 실망하지 마시라. 우리에겐 명사에 붙일 수 있는 부정접두사 *non*이 있다. *nonsense, nonstop, nonfiction*을 기억하실 것이다. 그러니까 *non-contact*를 *nontact*로 줄이는 것이 상당히 괜찮은 선택이다. 그럼 *no contact*를 줄인 *no tact*는 안될까? 후자는 그리 좋은 옵션이 아닌 듯하다. 이유는 '눈치, 요령'이라는 뜻의 *tact*라는 단어가 따로 존재하기 때문에

*no tact*는 '요령, 눈치 없는'이라고 오해될 소지가 다분하기 때문이다.

결론은 '비대면'을 영어로 줄여 쓰고 싶으면 언택트untact가 아닌 넌택트 nontact가 적당하리라는 것. 아니 그럼 이제부터 다 넌택트로 바꿔 써야 하는 건가? 이미 다들 언택트라고 쓰는데.

현실적으로 이제 와서 언택트가 넌택트로 바뀔 가능성은 매우 낮다고 생각한다. 이미 너무 많이 통용되고 있기 때문에 다시 불러들이기는 쉽지 않아 보인다. 그래도 괜찮다. *untact*를 영어라고 생각하지 않으면 된다. 언택트를 우리끼리 우리말 표현으로 쓰는 데는 아무 문제가 없을 것이다.

사실 영어 같이 들리지만 우리끼리만 쓰는 소위 콩글리시 표현이 적지 않다. 아이쇼핑, 스킨십, 컨닝, 핸드폰, 화이팅 등등. 한 어휘가 본토를 떠나 다른 언어에 유입되어 외래어의 지위를 획득하면 이미 그 단어의 국적은 바뀐 것이다. 인도, 싱가포르, 홍콩 등에서도 그 지역에서만 쓰이는 '영어인 듯 영어 아닌 영어 같은' 표현들이 수두룩하다. 현지어와 섞이니 혼합형 하이브리드가 태어나는 것도 당연하다. 언택트 또한 '메이드 인 코리아'인 한국 국적의 표현이니 우리가 쓰기 편하면 그뿐이다. 그러다가 운이 트이면 종주국으로의 수출길이 열릴 수도 있다.

2021년 옥스퍼드 영어사전Oxford English Dictionary에 한국어 단어 26개가 한

꺼번에 등재되었다는 소식이 들려왔다. 그런데 이 중 *skinship*과 *fighting*이 포함되었단다. 콩글리시였던 스킨십skinship과 화이팅fighting이 영어 종주국의 최고 권위를 자랑하는 사전에 버젓이 실리게 된 것이다. 콩글리시의 역수출 사례다. 한국 문화의 전 세계적 인기로 우리끼리만 쓰던 단어들이 우리 문화와 함께 소비되며 세계적으로 통용되기 시작한 것이다. 그러니 희망을 버리지 말자. 언택트의 역수출도 아주 불가능하지는 않아 보이니.

알아두면 쓸데 있는 신박한 언어상식
어휘

언어를 구성하는 단위 중 가장 기본적인 소리 단위를 음소phoneme라 하고, 음소가 모여 이루어진 발음 단위를 음절syllable이라고 하는데, 이들로 이루어져 의미를 갖는 최소 단위를 형태소morpheme라 부른다. 형태소는 의미에 따라 실질어휘content morpheme와 기능어휘 function word로 나뉜다. 실질어휘는 의미적 내용이 있는 형태소로, 명사, 동사, 형용사, 부사 등을 말한다. 기능어휘는 문법적 기능을 담당하는 형태소로 조사, 전치사, 접속사, 어미 등을 가리킨다. 형태소는 또한 독립적 사용 여부에 따라 독립형태소free morpheme와 의존형태소 bound morpheme로 나뉘는데, 독립형태소는 보통 단어word를 말하며, 의존형태소는 단어처럼 홀로 사용할 수 없는 접사affix나 어미, 어근root 등을 가리킨다.

실질형태소로는 드물게, 한국어의 동사(먹, 입, 자, 오, 가)는 어미 없이 홀로 사용할 수 없는 의존형태소다. 대표적인 의존형태소인 접사affix는 어근root 또는 어기stem에 붙는 위치에 따라 접두사prefix, 접요사infix, 접미사suffix로 나뉘는데, 접요사가 있는 언어는 흔하지 않다(예. 필리핀 타갈로그Tagalog어의 부정형 동사 접요사 -um-). 어근에 붙어 새로운 실질어휘를 만들어주는 의존형태소를 파생접사derivational affix라 부르는데, 한국어에는 형용사를 만들어주는 –스럽다, 명사를 만들어주는 –쟁이 등이 있다. 어기에 붙어 기능어휘를 만들어주는 의존형태소인 굴절접사inflectional affix는 명사에 붙는 복수형 어미 –들이나 동사에 붙는 과거형 –었 등이 있다.

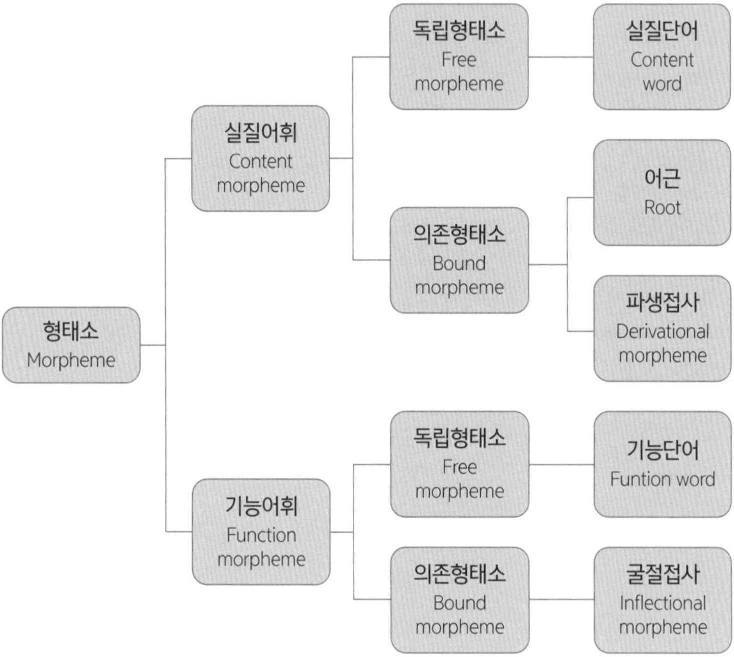
형태소
Morpheme
실질어휘
Content morpheme
기능어휘
Function morpheme
독립형태소
Free morpheme
의존형태소
Bound morpheme
독립형태소
Free morpheme
의존형태소
Bound morpheme
실질단어
Content word
어근
Root
파생접사
Derivational morpheme
기능단어
Funtion word
굴절접사
Inflectional morpheme

머랭?
머랭?

'존버' 시대의
'존맛탱' 레시피
의미탈색

존버, 코로나로 인해 여러 가지 어려움을 맞닥뜨리고 살아가는 요즘 유난히 눈에 띄는 단어다. 온갖 신조어가 난무하고 아무거나 다 줄여 말하는 세상인지라 이제는 못 알아듣는 표현을 만나더라도 그러려니 하고 넘기게 되었지만, 이 표현은 인터넷 매체뿐 아니라 공중파 방송에서도 존재를 드러내고 있어 무시할 수 있는 단계를 넘어버린 것 같다. 모 방송의 설날 특집 e 스포츠 방송 중 '존버'가 나오고, 경제 프로그램의 인터뷰 중 한 개미투자자가 "존버가 답이다"라고 말하는가 하면, 한 식당 관련 프로그램에서는 진행자가 어려운 시기를 버티시라고 조언하자 출연자로부터 '존버하겠다'라는 대답이 돌아왔다.

2021 잡코리아X알바몬

대충 짐작하겠지만 존버는 '존나 버티기'를 줄여 쓰는 말이다. 이전에는 게임 커뮤니티에서 '존나 버로우'의 줄임말로 쓰였다고 하는데 의미는 대동소이하다. 존나는 일반적으로 쓰는 말로 바꾸자면 강조를 나타내는 부사, 너무, 대단히, 매우, 몹시, 상당히, 아주, 엄청, 완전, 정말, 진짜 등으로 치환할 수 있다. 따라서 '존나 버티기'는 '있는 힘을 다해, 포기하지 않고, 악착같이, 끝까지 버틴다'는 뜻이다. 코로나 시대에 더 자주 들리는 것이 전혀 이상하지 않은 대목이다.

그런데 '존나'라는 말을 듣자마자 눈살이 찌푸려졌다면 여러분도 나와 같이 어슴푸레나마 이 단어의 어원을 짐작할 수 있는 분일 거다. 요즘 인터넷상에서 쓰는 많은 신조어가 점잖은 자리에서 쓰기에는 다소 속어적인 성격을 띠는 경우가 꽤 많지만, 존나는 단순한 속어 이상의 민망함을 안겨 준다. 발음이 변형되기 이전의 원조는 아마 '좆나'일 텐데, 이는 남성의 성기와 관계있는 표현이니 어찌 민망하지 않을 수 있겠는가. 존나 이외에도 '존내', '조낸', '졸라' 등의 발음 변형어들이 있고, 이를 더욱 변형시켜 초성 ㅈ을 떼어낸 '욘나', '욘니', '열라' 등도 있는데, 이들은 사실 주로 '욕'으로 쓰이는 말이다. ㅈ으로 시작하는 남성 버전 이외에 ㅆ으로 시작하는 여성 버전의 표현도 주로 욕으로 쓰인다.

성행위나 성기 등을 표현하는 말이 욕으로 쓰이는 건 비단 우리말뿐이 아니다. 어느 문화든 이런 주제는 공적으로 드러내 말하기보다는 은밀하게 쓰기 마련이라, 관련 어휘들이 일종의 금기어가 되고, 이들이 변형되어 욕이 되는 경우가 허다하다. 외국 영화 등을 통해 영어에서도 fuck이 이렇게 쓰이는 것을 심심찮게 들어보셨을 것이다. 함부로 드러내 쓸 수 없는 말을 과감히 뱉음으로써 강렬한 어감을 얻게 되니, 말하는 사람에게는 쾌감을, 듣는 사람에게는 기선 제압의 효과를 준다.

tvN 〈유퀴즈온더블럭〉 (2020.4.22)

사정이 이렇다보니 좀 더 공식적인 매체에서는 껄끄러운 어원이 드러나는 걸 은폐하려는 시도가 종종 나타난다. 위에 언급한 방송에서도 존버에 대해 변명이라도 하듯 'John 버John Burr, 장기 가치투자를 주장한 경제학자' 또는 '존중하며 버티기'라고 설명하는 자막이 나왔다. 이 외에도 '존경받는 그 날까지 버티다', '존엄하게 버티다', '존재감 있게 버티다' 등의 온갖 순화된 위장 번역들이 등장한다. 이러한 시도는 존나의 불편한 어원이 대부분의 한국어 화자의 의식 속에 여전히 확고하게 자리잡고 있다는 반증일 것이다. 그러나 이 껄끄러운 어원을 기억하고 있는 현재의 상태가 앞으로도 계속 유지될지는 모를 일이다. 존나의 어원을 모르고 일상적으로 사용하다가 그 의미를 알고 나서 깜짝 놀랐다고 반응하는 화자들이 꽤 있기 때문이다. 더구나 존나가 존버나 존맛의 경우처럼 일종의 복합어 안에 숨어 존재할 경우에는 그 어원을 가려내서 파악하기가 더욱 어려워진다. 아주 영리한 생존 전략이다.

말이 나와서 말인데, 존버와 사촌지간인 존맛은 문제가 더 심각하다. 그 사용 범위가 점점 확장되고 있긴 해도 존버는 그래도 아직까지 게임이나 주식투자 커뮤니티 등 특정 분야에서 주로 사용되고 있다면, 존맛(탱)은 그 사용 범위에 제한이 없이, '아주 맛있다'는 뜻으로 매우 일반적으로 상용되고 있다. 2018년 실시된 모 설문조사에서 존맛, 존맛탱, JMT가 20대의 '최애'가장 좋아하는 신조어로 등극했다고 한다. 요즘 SNS에 올라오는 음식에 대한 글에는 최소한 해시태그 #JMT로 거의 다 등장한다고 해도 과언이 아니다. 존맛이 이처럼 인기 있는 것은 물론 '맛있다'가 '버티다'보다 더 일상적인 주제인 먹는 것에 쓰는 표현이기 때문이기도 하겠지만 그게 전부는 아니다. 존맛이 그 정체를 숨기려 더욱 교묘하고 치밀한 교란 작전을 쓰기 때문이다. 바로 JMT라는 알파벳의 사용이다.

유튜브 〈와썹맨〉 (2018.6.8)   CJ 제일제당 유튜브 〈고메치킨XITZY〉

존나는 '존나 맛있다'라고 풀어 쓸 때에 비해 존맛, 존맛탱, 존맛탱구리의 줄인 복합어 형태로 숨어 있을 때 그 정체가 훨씬 덜 드러난다. 그런데 이 것이 한걸음 더 나아가 JMT라는 다른 언어 문자의 초성체로 존재할 때는 J의 정체를 존나로 파악하기가 더욱 더 어려워지는 것이다. 완벽한 엄폐 술이다. JMT라고 쓰면 '존나 맛있다'라고 말할 때보다 불편함과 민망함 이 대폭 줄어들기 때문에 비속어의 굴레에서 벗어나 좀 더 자유롭게 활용 할 수 있게 된다. 더욱이 애초부터 이 표현을 존맛탱이나 JMT로 접했고 딱히 어원에 관심이 없는 사람들에게 존맛 시리즈는 유행 좀 아는 사람이 라면 적극적으로 활용해야 하는 그저 신박한 신조어일 뿐, 부정적인 편견 이 사라지게 된다. 한 어휘의 의미와 지위가 이렇게 변해가는 것이다.

한 어휘의 의미가 퇴색되어 본래의 뜻을 거의 잃는 현상을 **의미탈색** semantic bleaching이라고 부른다. 이런 면에서 존나는 현재 의미탈색의 과정 을 밟고 있다고 할 수 있다. 흥미롭게도 많은 언어에서 강조 부사로 쓰이 는 말들은 의미탈색을 거친 경우가 상당히 많다. 영어를 예로 들어, '아주 맛있다'를 몇 가지로 표현해 보자.

It tastes { awfully / fairly / horribly / pretty / terribly / very } good.

놀랍게도, { } 안에 들어있는 강조어intensifier들은 하나 같이 다 의미탈색된 단어들이다. 본래 *awful*은 '경외로운, 놀라운', *horrible*과 *terrible*은 '공포스러운, 끔찍한', *fair*와 *pretty*는 '정당한, 예쁜, 영리한'이라는 뜻이었지만, 부사로 쓰이며 모두 본래의 의미를 잃고 탈색되어, 그저 '매우, 아주, 엄청'이라는 뜻으로 *good*이라는 형용사의 상태를 강조하는 기능만 남아있을 뿐이다. 가장 흔히 쓰이는 *very*도 사실 알고 보면 그 어원이 '진리의, 사실적인'이라는 뜻의 라틴어의 *verus*가 프랑스어를 거쳐 중세 시대에 영어로 수입되어 *verrai*, *verrey*, *veray*, *verai* 등 다양한 형태로 쓰였던 단어다. 명사형인 *veritas*베리타스는 '진리'라는 뜻으로, 우리가 잘 아는 미국의 H대학이나 국내의 ㅅ대학의 교표에 들어 있기도 하다. 그러나 현재 *very*의 뜻을 '진리'나 '사실'과 연관하여 생각하는 사람은 거의 없을 것이다. 우리말에서 강조 부사로 쓰이는 진짜, 정말, 참말도 이와 아주 유사하게 의미탈색되어 '진실, 사실'이라는 본래의 의미와는 거리가 생긴 사례다.

사실 앞에 언급한 영어의 *fuck*도 비슷한 의미탈색 과정을 거치고 있는 듯하다. 아래의 예에서와 같이 *fuck*의 *ing*형도 비슷한 강조어로 자주 쓰인다.

{ It   tastes   **fucking**   good.

물론 아직 비속어에 속해 점잖은 자리에서 쓸 수 없는 말이지만 말이다. 종종 *WTF*What the fuck처럼 줄임말로 정체를 감추고 있긴 해도 어원을 모르는 화자가 많아 보이진 않는다.

한국어의 존나는

1. '좆(이) 나(게)'라는 주어와 술어를 갖춘 절이 한 어절로 합쳐지고
2. '좆나'가 비음화의 발음 법칙에 따라 발음나는대로 '존나'로 철자 변형되어
3. 이제 마치 하나의 부사처럼 쓰이게 되고
4. 이것이 의미탈색 과정을 거치며 원래의 성적인 의미는 사라져서
5. 현재는 '심한 정도'를 나타내는 강조어로 변해가고 있다

고 볼 수 있다. 또한 이러한 일련의 의미탈색 과정이 JMT와 같은 철자 위장 전략으로 인해 한층 가속화되고 있다.

우리말의 존나는 줄임말의 대유행 덕으로 한 단계 더 진화하고 있는 것 같다. 줄임말인 존버엄청 버티다나 존맛아주 맛있다이 하나의 단어처럼 쓰이면서, 존은 이제 독립적인 부사라기보다는 '심한 정도'를 나타내는 일종의 접두사 역할을 하고 있기 때문이다. 존멋진짜 멋지다, 존잘정말 잘생겼다, 존예매우 예쁘다 등의 예로 알 수 있듯이, 새로운 단어를 만들어내는 생성력productivity도 왕성하다.

사실 모든 의미탈색의 종착역은 문법화grammaticalization다. 문법화란 충실

한 의미를 가진 **실질어휘**content word가 본연의 의미를 잃게 되면서 문법기능만 담당하는 **기능어휘**function word로 변화하는 것을 말한다. 문법화의 쉬운 예로, 영어에서 *have to*-해야 하다의 *have*나 *be going to*-일 것이다의 *go*나 *come to*-하게 되다의 *come*을 들 수 있다. 이들이 동사로서의 원래 의미를 완전히 잃어버리고 조동사로서의 문법 기능을 담당하는 것을 떠올려 보면 이해가 쉬울 것이다. 우리말의 가다나 오다도 살아 가다, 버텨 오다에서처럼 쓰여, 실제로 물리적으로 '가고 오는' 행위를 나타내는 뜻을 상실하고, '시간 방향성을 가진 지속'의 상태를 나타내는 문법어의 역할을 하고 있다. 중국어의 去[취] '가다'나 来[라이] '오다'도 매우 유사한 기능을 한다. 이렇듯 어원적으로 관계없는 언어들이 유사한 점을 보이는 걸 보면 인간은 다 비슷한 방식으로 인지한다는 걸 다시 확인하게 된다. 신기할 따름이다.

아니 그럼, 설마 존나의 존이 멀쩡한 강조 접두사가 된단 말인가? 우째 이런 망측한 일이! 워워, 잠깐, 너무 앞서가지는 말자. 동서고금을 막론하고 비속어는 유행에 민감하기 때문에 대체로 그 생명이 짧다. 그러니 우선 안심하시라. 존이 얼마나 오래 존버할 지는 두고 볼 일이다. 그러나 또 다른 한편으로 생각하면, 어제의 비속어가 오늘의 일반 어휘가 되고, 오늘의 멀쩡한 단어가 내일의 비속어가 되는 경우도 심심찮게 발생하는 일이니 어찌 알겠는가. 우리 다음 세대는 존나의 본래 어원은 전혀 모른 채, 존버의 위장 번역인 '존중하며/존엄하게/존경하며 버티기'를 보고 들으며 자란 탓에, 존이 한자어 존尊이라고 생각하게 될 지. 왕짜증의 왕王, 핵노잼의 핵核과 마찬가지로 일종의 한자어 강조 접두사로 말이다. 그래서 진정 '존경'을 담아 사용하게 될지도 모를 일 아닌가.

〈 6. 존(尊)으로 의미가 바뀐 강조 접두사가 된다

지금의 추세로 보면 아주 허황된 시나리오가 아니다. 그러니 마음의 준비를 단단히 하자. 혹시라도 예상보다 가까운 미래에 "쌤, 존멋!"이라는 말을 듣게 되더라도, 분노로 움찔하지 않고 평온한 미소를 지을 수 있도록.

방탄이 방탄했다!
BTS 보라해~♥
품사의 변신

앞서 밝히지만, 나는 아미ARMY가 아니다.

방탄소년단이 K-Pop을 대표하며 전 세계에 한국의 대중문화를 널리 알리고 있다. 그 인기가 날로 더하여 온갖 나라의 숱한 팬들로 하여금 한국어로 된 가사를 따라 부르게 하는 것도 모자라 이제는 한국어까지 배우게 하고 있다고 한다. 한국인의 한 사람으로서, 더구나 언어를 전공한 사람으로서 어찌 이들을 응원하지 않을 수 있을까. 그런데도 내가 대중음악에 문외한이다 보니 그들의 구체적인 행보에는 큰 관심을 쏟지 못하고 있었다. '보라해'가 내 귀를 강타하기 전까지는.

방탄소년단 공식 트위터

'보라해'는 방탄소년단의 멤버 뷔가 2016년에 만든 신조어라고 한다. 무지개의 마지막 색깔이 보라색인 것처럼 멤버들과 팬들이 '마지막까지 상대방을 믿고 서로서로 사랑하자'는 의미를 담고 있다고 한다. 이후 팬들 사이에서 '보라해'가 유행하기 시작했고, 이제는 방탄소년단에 대한 애정을 표시하는 상징적인 단어로 자리 잡은 모양이다.

맥도날드 BTS 세트

내가 '보라해'를 처음 들었을 때가 2021년 여름 맥도날드에서 BTS 세트를 출시했을 즈음이었다. BTS 세트에 '보라해'가 써 있다는 정보를 입수하고 내 두 눈으로 직접 확인하고 싶어서 평소에 먹지 않던 치킨너겟을 사 먹기로 결심했다. 그리고 연구 차 현장 조사를 가듯 가까운 매장으로 달려가(사실 제일 가까운 매장에서는 행사를 하지 않아 다소 먼 매장까지 행차하였다) 긴장된 상태로 주문을 마치고 음식을 받아들자마자 '보라해'라고 인쇄되어 있는 포장지가 구겨질세라 서둘러 사진을 찍었다. 초성체 ㅂㅌㅅㄴㄷ 티셔츠의 사진도 찍어둬야겠다는 생각에 유니폼 티셔츠를 입고 있던 직원에게 정중히 요청했다가 단칼에 거절당하는 수모를 겪기도 했다. 글로벌 기업의 유니폼에 알파벳 BTS가 아니라 한글 자소로 'ㅂㅌㅅㄴㄷ'이라고 쓰여 있었으니, 한국인 언어학자로서 이런 역사적 현장의 '직찍' 사진 정도는 소장하고 있어야 하는데…, 정말 탐나는 기념품이 아닐 수 없다. 나이도 있어 보이는 아줌마가 이 정도의 행태를 보이면 아미로 여겨질 수도 있겠다 싶지만, 무슨 수를 써서라도 티셔츠를 구하려는 노력을 기울이지 않은 걸로 봐서 역시 아미 수준의 '덕후력'은 갖추지 못한 것 같다.

> 전 세계의 아미들은 방탄소년단을 **보라한다.**

보라하다, 이거 아주 고민되는 동사다. '끝까지 믿고 사랑하다'라는 의미로 보나, 방탄소년단을이라는 목적어를 취하는 것으로 보나, 동사가 맞긴 맞다. 명사 보라에 하다를 붙여 동사로 만든 것이다. 그런데 뭔가 상당히 껄끄럽다. 우리말의 하다는 여러 용도로 두루두루 쓰이는 동사라서 의미도 다양하고 기능도 다양하다. 인터넷 〈표준국어대사전〉을 찾아보니 무수한 의미와 예문으로 한동안 스크롤을 내려 봐야 할 정도다. 일반동사로 34가지, 보조동사로 9가지, 보조형용사로써 2가지 의미와 기능이 적혀 있다. 정말 너무 많아서 이곳으로 옮겨 적지 못할 정도이니 웬만하면 그중 하나에는 해당되지 않을까 싶은데, 아무래도 뭔가 석연치 않다. 외래어에 하다를 붙여 만든 오픈하다, 체크하다, 심지어 요즘 유행하는 신조어 플렉스하다도 그렇게 이상하게 들리지는 않는데 어째서 멀쩡한 우리말 명사 보라에 하다를 붙인 보라하다는 어색하게 들리는 것일까? 무엇 때문에 우리로 하여금 고개를 갸웃하며 한참 동안 고민하게 만드는 것일까?

보라하다도 하다로 끝나는 허다한 다른 동사와 마찬가지로 [명사+하다]로 이루어져 있다.

> 걱정하다, 결혼하다, 고민하다, 공부하다, 다짐하다, 비롯하다, 사랑하다, 설명하다,
> 성장하다, 연구하다, 이해하다, 운전하다, 일하다, 자랑하다, 해당하다, 협상하다

대충 생각나는 것만 적어도 이 정도이고, 이 글에 앞부분에 쓰인 -하다 동사들만 세어도 적지 않다. 이렇게 앞에 어근이 되는 명사를 취해서 동사로 만들어주는 하다를 경동사light verb라고 부른다. 하다 자체에는 별 의미가 없고 앞에 붙는 어근 명사로부터 파생derive된 동사의 의미나 용법이 결정

되기 때문에, 가벼울 경輕자를 써서 경동사輕動詞라 한다. 영어의 *do*나 일본어의 する[스루]도 비슷한 용도로 쓰인다. 하다는 위에서 언급했듯이 외래어에도 붙을 정도로 지극히 생성력이 높아 우리말에 없어서는 안 될 매우 긴요한 자원이다. 위에 나열한 예는 동사들이지만 유사한 형태를 지닌 형용사 또는 상태동사도 상당수 있다.

> 가난하다, 건강하다, 깔끔하다, 깨끗하다, 정직하다, 중요하다, 착하다, 행복하다

하다가 일반동사가 아니라 의미가 거의 없는 경동사라는 사실은 파생 동사에서 하다를 빼 보면 금방 확인할 수 있다. 신문 기사의 헤드라인이라고 생각하고 아래와 같이 하다를 생략한 구절을 만들어보면 하다가 없어도 전혀 어색하지 않게 해석된다. 중요한 것은 앞에 붙은 명사 어근이지 하다는 있으나 마나 하다는 증거다.

> 원조 한류스타 K씨 대만 연예인과 20년 만에 **결혼**
> 수능 수석 A씨 매일 학교에서 교과서만으로 **공부**
> 우크라이나 러시아와 터키에서 정전 **협상**

그럼 같은 방법으로 보라하다를 한번 테스트해 보자.

> *전 세계 아미들 그래미 수상 불발에도 BTS를 한결같이 **보라**
>
> 전 세계 아미들 그래미 수상 불발에도 BTS를 한결같이 **사랑**

위의 예에서 보듯 하다를 생략한 보라는 아쉽게도 서술어로서의 역할을 수행하지 못한다. 문법적이라고 말하기 어렵다. 유사한 의미의 사랑과 대조적이다. 다시 말해, 보라는 사랑과는 달리 경동사 앞에 붙는 어근의 역할을 감당하지 못한다는 말이다. 무엇이 차이일까?

경동사 하다와 결합하여 동사를 만드는 명사 어근은 그저 아무 명사나 되는 것이 아니고 '행위, 작용, 관계, 상태' 등을 의미하는 명사여야 한다. 전문용어로는 <u>논항구조</u>argument structure를 갖는 명사여야 한다고 말한다. 위에 나열된 예시의 의미를 다시 한 번 보면 수긍이 갈 것이다. 그런데 보라는 색깔의 '이름'일 뿐이지, 행위나 작용이나 관계나 상태를 나타내는 명사가 아니다. 그래서 근본적으로 하다와 어울리지 않는 것이다. 사물이나 개념을 일컫는 '이름' 명사는 일반동사의 목적어로 쓰일 수는 있어도 경동사 하다의 어근이 되지는 못한다. 물론 하다도 일반동사로 쓰이기 때문에 아래 예시와 같이 이러한 '이름' 명사들을 목적어로 취할 수 있다. 하다가 이렇게 일반동사로 쓰일 경우에는 제대로 의미를 갖는 동사로서 목적어 명사에 대해 일정 행위를 '한다'는 뜻을 갖는다. 워낙 여러 가지 뜻으로 쓰이는 동사라 구체적인 행위는 아래에서 보듯 매우 다양하다.

나무를	하다	'베다'
목걸이를	하다	'착용하다'
문학을	하다	'업으로 삼다'
서점을	하다	'운영하다'
점심을	하다	'먹다'

여기에서 목적어로 쓰인 나무, 목걸이, 문학, 서점, 점심 등의 명사는 모두 구체적이든 추상적이든 사물을 지칭하는 '이름' 명사다. 보라도 마찬가지다. 이들 명사가 서술어로 쓰이려면 하다가 붙을 게 아니라 이다가 붙는 게 정석이다.

내가 자주 가는 장소는 서점**이다**	*서점**하다**.
무지개의 마지막 색깔은 보라**이다**	*보라**하다**.
현재 가장 인기 있는 K-Pop 그룹은 방탄**이다**	*방탄**하다**.
대한민국 국가대표 축구팀의 주장은 손흥민**이다**	*손흥민**하다**.
제로 코로나 정책을 펴는 나라는 중국**이다**	*중국**하다**.

방탄하다가 나와서 말인데, 방탄하다도 보라하다만큼이나 당황스러운 동사다. 방탄도 그룹 이름이니 당연히 경동사 하다를 취할 수 없는 명사다. 사람 이름인 손흥민이나, 국가 이름인 중국도 물론 그렇다. 그럼에도 불구하고 요즘 아래와 같은 표현들이 아주 자주 들린다. 'x가 x하다'의 의미는

군이 설명하지 않아도 짐작이 갈 것이다. 대략 'x가 x답게 행동하다'는 뜻이다.

> 그래미 시상식 무대를 찢어놓다니, 방탄이 **방탄했네**.
> 결정적인 순간에 골을 넣었다! 역시 손흥민이 **손흥민했다**.
> 대도시 상하이를 무기한 봉쇄하다니, 중국이 **중국했다**.

그렇다면 이제 '이름' 명사는 경동사 하다의 어근으로 사용하지 못하다는 우리말의 문법 규칙을 바꾸어야 한다는 말인가? 이제 논항구조와 상관없이 보라, 방탄, 손흥민, 중국을 포함한 모든 명사를 취한다고 바꿔야 할까? 아니다. 문법 규칙은 그렇게 호락호락한 존재가 아니다. 오히려 이 문법 규칙이 견고하게 버티고 있기 때문에 이들 이름 명사들이 자신의 성격을 바꾸게 된다. 경동사 하다와 합쳐져서 새로운 동사로 파생되기 위해서 명사 자신의 본래 정체성을 포기해야만 한다. 즉, '이름' 명사에서 '행위'를 의미하는 명사로 탈바꿈하게 되는 것이다. 보라해의 보라는 더 이상 예전에 우리가 알던 그 순수했던 색깔 이름 보라가 아니다. '마지막까지 믿고 사랑'한다는 뜻의 행위 명사가 된다. 명사의 정체성까지 바꾸다니, 텅 비어 보였던 경동사 하다의 위력이 새삼 다시 보이는 순간이다.

보라:	색깔 이름(x)	▶	마지막까지 믿고 사랑
방탄:	그룹 이름(x)	▶	방탄답게 행동
손흥민:	축구선수 이름(x)	▶	손흥민답게 행동
중국:	국가 이름(x)	▶	중국답게 행동

문법 규칙이 어휘의 성격을 바꾸는 예는 이것만이 아니다. 오랫동안 장수하고 있는 맥도날드의 슬로건을 한번 떠올려 보자. 2003년인가 이 카피가 처음 나왔을 때 영어 문법에 안 맞는다고 소란이 일었던 기억이 난다.

I'm lovin' it, You should too.

McDonald's 슬로건

맞다, *loving*은 영어 동사의 진행형 문법에 맞지 않다. 중·고등학교 영어 시간에 배웠듯이 *love*와 같은 상태동사는 진행형 *ing*를 쓸 수 없다. 소유, 인식, 감정, 상태를 나타내는 동사들은 다 진행형을 못 쓴다. *ing*는 기본적으로 동작이 진행되는 상황을 나타내기 때문이다.

I love food.	사랑하다	*I'm loving food.
I have lots of money.	가지고 있다	*I'm having lots of money.
I see the flowers.	보다	*I'm seeing the flowers.
I am nice to newcomers.	친절하다	*I'm being nice to newcomers.

그런데 이 진행형 규칙을 어기고 맥도날드는 'i'm lovin' it' 이라고 문법에 맞지 않는 문장을 카피로 쓴 것이다. 그들이 자기들 언어인 영어의 문법을 몰라서 그랬을까? 물론 아니다. 알면서도 일부러 틀리게 쓴 것이다. BTS의 뷔가 한국어 문법에 맞지 않는 걸 알면서도 *보라해*라는 표현을 만들어낸 것처럼 말이다. 그리고 *보라하다*와 마찬가지로, 규칙을 어기는 것처럼 보이지만 실상은 규칙이 바뀌는 것이 아니라 단어의 성격이 바뀌게 된다. 아래의 예에서 보듯이 말이다. 진행형으로 쓰인 *love*는 더 이상 정적인 상태를 나타내는 '사랑하다'는 뜻이 아니라 주어의 적극적인 의지가 담긴 좀 더 동적인 행동을 나타내는, 즉 '즐기고 있다'는 뜻을 가진 동사로 의미가 바뀐다. 소유의 *have*는 진행형으로 쓰면 '먹다'로, 감각의 *see*는 '만나다, 데이트하다'로 뜻이 변해 버린다. 심지어 형용사 서술어인 *nice*는 '친절하게 행동하다'의 의미의 동적인 동사가 된다. 이처럼 문법 규칙의 힘은 생각보다 강하다.

I'm loving it.	사랑하다(x)	▶	즐기고 있다
I'm having lunch.	가지고 있다(x)	▶	먹고 있다
I'm seeing him.	보다(x)	▶	만나고 있다, 데이트한다
I'm being nice now.	친절하다(x)	▶	친절하게 행동하고 있다

인간은 왜 기존의 규칙을 곱게 지키지 않고 규범의 테두리를 자꾸 넘나드는 것일까? 반드시 규칙을 지키기 싫어서 그런 것은 아니다. 우리 인간은 기존의 규범을 살짝 건드려서 이전과 다름을 발견할 때 쾌감을 느끼는 경향이 있다. 인간이 유희의 동물, 호모 루덴스이기 때문이다. 규칙 위반은 긴장감을 유발하여 사람들의 관심을 집중시키고 그 결과로 재미를 안겨주기 때문이다. 그래서 대중의 관심이 필요한 연예, 방송, 기업의 상품 홍보 분야 등에서는 항상 소소한 신조어, 유행어들이 생겨나는 것이다. 언어의 작은 규칙 하나 정도를 위반하여 관심과 즐거움을 얻을 수 있다면 왜 마다하겠는가. 교통 규칙과 같이 위반에 따른 큰 위험을 감수하지 않아도 되는 비교적 안전한 영역이기도 하니 말이다.

그런데 여기서 하나 간과하지 말아야 할 점이 있다. 그것은 바로 이 규칙 위반의 궁극적인 목적이 규범을 무너뜨리기 위함이 아니라는 것이다. 보라하다 하나 만들어 쓴다고 경동사 하다의 규칙이 무너지는 것도 아니고, *loving* 하나 붙여 쓴다고 진행형 규칙이 사라지는 것도 아니다. 오히려 큰 규범이 무너지지 않는다는 것을 알고 있기 때문에 안심하고 일시적인 위반을 범하는 것이다. 너도 알고 나도 아는 '짜고 치는 고스톱' 놀이라고나 할까. 특정 언어를 사용하는 화자들과 그들이 무의식중에 공유하는 문법이라는 추상적 존재 사이에 일종의 '밀당'을 하고 있는 것이다. 그리고 이 밀당의 묘미는 누구도 이 관계가 무너지기를 원하지 않는다는 데에 있다. 이 암약이 깨지면 의사소통이 안 될 테니까.

BTS가 세계적인 스타가 되다 보니 이제 보라하다도 글로벌 무대로 진출하게 되었다. 2022년 4월 라스베이거스에서 열렸던 BTS 콘서트가 *Borahaegas*라는 이름으로 불렸던 것이다. 보라해의 알파벳 표기 *Borahae*와 *Las Vegas*의 *gas*를 잘라 붙인 블렌딩blending 혼성어다. 그뿐이 아니다. '보라해'의 영어 버전 "I purple you"가 영어권에서 널리 통용된다고 하니 참 오래 살고 볼 일이다.

BTS 공식 트위터

영어의 *purple*도 한국어의 보라만큼이나 당황스럽다. *purple*도 원래는 색깔을 지칭하는 명사인데, 이를 동사로 사용하고 있으니 말이다. 의미는 보라해와 같다.

> I purple you.
>
> I ♥ NY

*purple*처럼 기존의 품사를 바꿔서 새로운 단어를 만들어 내는 것을 영파생zero/null derivation이라고 부른다. 기존 단어 자체에 접사affix도 붙이지 않고, 즉 형태적으로 아무 변화가 없는데 품사가 달라진 새로운 단어가 만들어지는 것을 일컫는다. 비슷한 예로 *heart*가 있다. *purple*은 낯설다 해도 빨간색 하트heart가 찍힌 미국 뉴욕시의 로고 I♥NY 티셔츠는 본 적이 있을 것이다. 본래 이 ♥는 '사랑한다'는 뜻의 *love* 대신에 그려 넣은 것이었을 텐데 점점 많은 사람들이 이것을 그냥 *heart*라고 읽기 시작했다. 그래서 명사 *heart*가 동사 *heart*가 되어버린 것이다. 더 비근한 예로 *Google*도 있다. *Google*은 잘 알다시피 검색 엔진으로 유명한 IT 회사의 이름이다. 이 명사도 이제는 '구글로 검색하다'는 동사로 흔히 쓰이게 되었다. 영파생의 대표적인 예다. 우리말에도 영파생의 예가 있다. 동사 신다는 명사 신에서 영파생된 것이고, 동사 품다는 명사 품에서 영파생된 것이다. 다는 모든 동사에 붙는 접미사이므로 동사 어근인 신이나 품에는 실질적으로 형태적 변화가 없다.

〈명사〉		〈동사〉
heart	▶	heart
purple	▶	purple
Google	▶	google
신	▶	신(다)
품	▶	품(다)

영파생의 예를 살펴보다 보니 문뜩 서울시 로고인 'I SEOUL U'가 좀 억울하겠다는 생각이 든다. 2015년 만들어진 이 로고와 슬로건을 두고 진짜 말도 많고 탈도 많았다. 환영하는 사람보다 비판적인 사람이 훨씬 많았던 것 같다. 나도 비판적인 편에 서 있었던 터라 살짝 미안해진다.

서울시 로고, 〈https://languagelog.ldc.upenn.edu/nll/?p=22259〉

외국인들은 *Seoul*을 우리처럼 [서울]이라고 발음하지 못하고 보통 [sowl]로 발음한다. '영혼, 정신'이라는 뜻의 *soul*과 발음이 같다. 이 로고는 아마 *Seoul*과 *soul*의 발음이 비슷하다는데 착안하여 동음이의어를 활용하여 만든 나름 센스 있는 작명이었던 것 같다. 다시 생각해 보니, 'I♥NY I heart New York'이 되는데 'I Seoul U I soul you'가 안 될 건 또 무엇인가. 'I purple you'도 되는 판인데. 명사가 동사가 된 다 같은 영파생의 유사한 예들이니 말이다. 당시에는 BTS의 보라해가 나오기 전이라 저항감이 컸었나. 역시 셀럽의 힘은 위대하다.

```
⎰  I    heart    NY.
⎨  I    soul     you.
⎱  I    purple   you.
```

나는 아미는 아니지만 BTS의 언어 영향력에 무한한 응원과 지지를 보낸다. *보라해*로 인해 우리말뿐만 아니라 영어에도 영향을 끼치고 있지 않은가. 영어의 명사 *purple*이 동사로 영파생되고 *Borahaegas* 콘서트가 벌어지고 있으니, 이게 어디 쉬운 일인가. 참, 상상도 못 하던 일이 일어나고 있다. 더구나 방탄소년단 덕에 한국어를 배우는 해외팬들이 급속도로 늘고 있다니 정말로 반가운 일이 아닐 수 없다. 여기에 〈기생충〉과 〈오징어게임〉의 파워도 더해졌을 터다. 감사한 일이다.

모국어로서는 남북한 합해도 1억을 넘지 못하는 인구가 사용하는 한국어. 그나마 초저출산 시대에 접어들어 인구절벽 현상이 일어나면서 특단의 대책을 강구하지 않는 이상 머지않은 미래에 한민족이 멸종한다는 무시무시한 전망이 나오고 있는 형편이다. 세계 최저를 찍은 지 이미 수년인데 매해 출산율이 더 떨어지고 있어 멸종의 날이 더 당겨진다고 한다. 겁을 주기 위한 과장이길 바라지만 과장이 아닌 것 같아 걱정이다. 한민족이 사라진다면 한국어도 같이 사라질 것이다. 한국어는 여러 나라에서 여러 민족이 사용하는 언어도 아니고, 제2외국어로 많이 사용되는 언어도 아니다. 따라서 우리 민족과 운명을 같이 할 것이 분명하다. 생각만으로도 가슴이 아프다. 지금 이 시각에도 지구상에서 사라지는 언어가 있다. 마지막 화자가 사망하면 그 언어도 사용자와 함께 영원히 사라지는 것이다. 기록으로 보존할 수는 있겠지만 화자가 없는 언어는 기본적으로 죽은 언어다. 만일 BTS 및 K-pop의 주역들과 영화와 드라마 등 한류를 이끌어가는 사람들 덕분에 한국어를 제2외국어로 배우는 사람들이 많아진다면? 그래서 과거 프랑스어가 유럽의 문화어로 위상을 떨쳤듯이 한국어가 새로운 문화어로서의 지위를 얻는다면? 상상만으로도 입꼬리가 올라간다. 한국어 생존의 희망이 보이는 듯하다. 알고 보면 영어도 영국, 미국, 캐나다, 오스트레일리아 등에서 모국어로 사용하는 인구는 줄어들고 있어서 제1언어 화자수로만 따지자면 그다지 희망적인 언어는 아니다. 그럼에도 불구하고 전 세계에서 영어를 공식어나 제2외국어로 쓰는 사람들이 워낙 많다 보니 멸종을 걱정하진 않고 있다. 혹자는 몇십 년 후에는 인도식 영어가 '표준' 영어가 될 것이라 전망하기도 한다. 인도에서는 영어가 공식어로 사용되고 인도의 인구는 증가하고 있기 때문이다.

물론 우리의 출산율이 회복되어 한민족과 한국어의 멸종을 우려하지 않아도 되길 진심으로 기원한다. 그러나 만에 하나 인구절벽 문제가 해결되지 않는다면, 나라도 나서서 아미 '폭탄Bomb'을 흔들며 BTS의 만수무강을 열렬히 응원할 수밖에 없다. '방탄이 방탄하'길 바라며 매일 목 놓아 '보라해'를 외칠 각오가 되어 있다. 한국어의 운명이 BTS에 달려있을 지도 모르니.

> BTS, 보라해~♥
> 한국어, 보라해!

프로N잡러의 하루,
언니쓰와 구구즈로 마무리하다
차용과 유추

눈을 떠보니 8시다. 아침 7시에 **모닝콜**이 울리도록 **스마트폰**의 **알람**을 설정했었는데 못 들은 모양이다. 어제밤 혼술한 것이 문제였다. 머리를 **샴푸**로 감을 시간도 없어 대충 **샤워**만 하고 **헤어드라이기**로 말린 후 **스니커즈**를 구겨 신은 채 **택시** 정류장으로 냅다 뛰었다. 출근 시간이라 빈 **택시**가 보이지 않는다. 할 수 없이 **버스**를 타고 회사 앞에 도착하니 이미 9시. 근처 **패스트푸드**점에서 **브렉퍼스트 메뉴**와 **아이스 아메리카노**로 하루를 시작하는 나의 아침 **루틴**을 오늘은 **패스**해야겠다. **굿모닝**입니다~ 인사를 하며 **오피스**에 들어서니 상습 지각러를 쳐다보는 동료들의 눈총이 따갑다.

컴퓨터를 켜고 업무 **이메일**을 **체크**하며, 몰래 **스마트폰 앱**으로 내 주식 **포트폴리오**

를 확인한다. 반 이상이 **블루**다. 멘붕이다. 요즘 주식 **마켓**이 왜 이러지. **바이오주**를 팔아야 할지 고민이 되지만 항상 존버가 답이다. **오피스**에 딸린 간이 **키친**에 가서 **커피 타임**을 가지며 정신을 차려야겠다. **에스프레소 머신**에서 **샷**을 내리며 **인스타**를 **체크**한다. 이래 봬도 난 **팔로워**가 50만 명인 **인플루언서**다. 어제 들렀던 **북카페 포토존**에서 찍은 사진을 **업로드**하고 간단한 **포스팅**을 올렸다. **뷰** 수와 "좋아요" 수가 빠르게 늘어나는 것을 보니 기분이 제법 좋아진다. 그래서인지 오전 **마케팅팀 미팅** 때 적극적인 **마인드**로 임한 것 같다.

점심은 직장 건물 지하에 있는 **카페테리아**에서 **카레라이스**를 먹었다. 폰으로 QR코드를 찍고, **키오스크**에서 주문한 후 **페이 카드**로 결제를 마치고 나서, 음식을 기다리는 동안 **셀프**로 물과 반찬을 받아왔다. 오늘은 **카페**에서 **디저트**로 **치즈 케익**을 시켜 놓고 주말에 읽은 책의 **리뷰**를 올려야겠다. 나는 책 **큐레이션 온라인 플랫폼**을 운영하며, 주말에는 짬짬이 **오프라인** 서점의 **북 큐레이터**로도 활동하고 있다. 독자로부터 받은 **피드백**은 나의 성장에도 도움이 된다. 이 경험을 바탕으로 내가 관심있는 **웨딩 플라워**에 대한 **콘텐츠**들을 모아 **온라인 클래스**를 만들어 올렸더니 반응이 제법 좋아 수입이 짭짤하다. 처음엔 **아르바이트**로 시작한 일인데 **비디오 에디팅** 기술도 늘었고, 이걸 모아 **미니 북**으로 **온라인 퍼블리싱**도 계획 중이다. **베스트셀러** 작가까지는 못 되더라도 나름 **프리랜서** 작가라는 **타이틀**을 갖게 되면 자존감이 높아질 것 같다.

오후 업무도 거의 마무리되고 슬슬 퇴근 시간이 다가온다. **컴퓨터**를 **로그아웃**하며, 퇴근 후 뭘 할지 고민한다. 프로혼술러답게 집에 가서 **넷플릭스 드라마**를 시청하며 보기 를 할까, 아니면 **호텔 레스토랑**에서 열리는 <u>동창</u> 모임에 나가 오랜만에 **파인 다이닝**을 즐길까. <u>동창</u> **네트워크**도 <u>무시</u>할 수 없으니 잠깐 들르기로 한다. 다들 <u>주식</u>과 **비트코인** 얘기뿐이다. 내일 <u>오전</u> **줌 미팅**을 위한 **프레젠테이션**을 <u>준비</u>해야 해서 한 <u>시간</u> 후 일어났다. 나는 **프로**니까. **버스**를 기다리는데 <u>정류장</u> 근처에서 **버스킹**하는 **뮤지션**들이 마침 '**슈퍼스타**'를 부른다. 〈슬기로운 <u>의사</u> 생활〉에서 구구즈 가 부른 <u>이후</u> 이 노래를 정말 좋아하게 됐다. 아무래도 나는 <u>비전문인</u>들의 <u>기획</u> <u>음반</u>을 좋아하는 것 같다. 몇 년 전 **슬램덩크**에서 언니쓰 가 나왔을 땐 **팬 클럽** 동생쓰 에 <u>가입</u>해 **멤버**들과 즐거운 <u>시간</u>을 보내기도 했었다. 집에 가서 오랜만에 언니쓰 의 신나는 노래를 들으며 <u>긍정</u> **에너지**를 받아야겠다. 오늘도 <u>열심</u>히 산 나를 **셀프칭찬**하며 프로N잡러 의 하루를 마무리한다.

* * *

설명이 필요 없다.

소위 N잡을 뛰는 30대 직장인의 하루를 가상으로 한번 써 본 것인데, 어원에 따라 표시를 해보니 누더기가 따로 없다. 이미 짐작했겠지만 밑줄을 친 것은 한자어에서 온 어휘이고, 진하게 표시한 것은 영어(또는 서양어)에서 온 단어다. 그리고 네모 안에 들어있는 말은 요즘 유행하는 신조어다. 애초의 계획은 외래어를 세어볼 생각이었는데, 써놓고 보니 아무 표시가 안 되어있는 순수 우리말 어휘를 세는 게 더 빨랐지 싶다. 밑줄 친 단어를 한자로 바꾸고 진한 글씨를 알파벳으로 바꾼다면 이것이 한국어 글이 맞나 의심이 들지도 모르겠다. 예시로 세 번째 문단을 한번 바꾸어 보았다.

點心은 職場 建物 地下에 있는 cafeteria에서 curry(ऊ෨)) rice를 먹었다. phone으로 QR code를 찍고, kiosk에서 注文한 後 pay card로 決濟를 마치고 나서, 飮食을 기다리는 동안 self로 물과 飯饌을 받아왔다. 오늘은 cafe에서 dessert로 cheese cake을 시켜놓고 週末에 읽은 册의 review를 올려야겠다. 나는 册 curation online platform을 運營하며, 週末에는 짬짬이 offline 書店의 book curator로도 活動하고 있다. 讀者로부터 받은 feedback은 나의 成長에도 도움이 된다. 이 經驗을 바탕으로 내가 關心있는 wedding flower에 대한 contents를 모아 online class를 만들어 올렸더니 反應이 제법 좋아 收入이 짭짤하다. 처음엔 Arbeit로 始作한 일인데 video editing 技術도 늘었고, 이걸 모아 mini book으로 online publishing도 計劃 中이다. bestseller 作家까지는 못되더라도 나름 freelancer 作家라는 title을 갖게 되면 自尊感이 높아질 것 같다.

한자어의 수입은 대부분 몇 백 년에 걸쳐 일어난 일이니 그렇다 치고, 최근에는 영어 어휘의 약진이 두드러진다. 지나친 과장이라고 하실 분도 계실 것 같아, 방금 전 TV를 켜고 모 방송의 프로그램을 한 20분 정도 시청하면서 그동안 나온 영어 단어를 한번 나열해 보았다. 우선 프로그램 제목에서부터 영어 단어가 들어간다. 요즘 방송을 보면 뭐 이 정도는 심심찮게 들린다. 안타깝게도 위에 가상으로 작성한 정도와 크게 다르지 않다. 이 중 어느 것이 외래어이고 어느 것이 영어인지 구분이 되는가?

> AI, SNS, K-팝, K-드라마, K-푸드, 마케팅, 브랜드, 브랜딩, 쇼핑, 알고리즘
> 온라인, 오프라인, 온오프, 유튜버, 인플루언서, 포인트, 커넥트. 쿠키, 핫(하다)

솔직히 고백하자면, 나는 본래 외래어나 외국어, 특히 영어 사용에 대해 그리 큰 반감을 느끼지 않는 편이다. 직업이 영어를 많이 쓰는 환경인 탓도 있고, 어휘에 대해선 짐짓 자유주의자 입장에 속하기 때문이다. 사실 나도 모국어가 한국어인 대한민국 사람인만큼 아름다운 우리말을 우아하고 품위있게 사용하고 싶지만, 때로는 의도와는 전혀 달리 한국어 표현보다 영어 단어가 먼저 튀어나와 당황할 때가 많다. 그렇다고 영어를 완벽하게 구사하는 것도 아니다. 한마디로 한국어와 영어 사이에 소위 **코드 변환**code switching이 자유자재로 안 되어, 본의 아니게 두 언어를 섞어 말하는 지저분한 상황이 종종 연출되고 만다. 내 스스로가 이럴진대 어찌 다른 사람의 영어 어휘 사용을 탓할 수 있으랴.

그런데 영어에 대체로 관용적인 내가 보기에도 요즘 우리 사회의 영어 어휘 사용은 도가 좀 지나치다 싶을 정도다. 아닌 게 아니라, 최근 나날이 새롭게 접하는 영어 단어가 많아도 너무 많다. 보통은 외국 어휘가 처음 소개되면 상당 기간 동안 언중言衆에 의한 사용 테스트를 거치면서 불필요하거나 어울리지 않는 말은 자연스레 걸러지고 필요한 어휘들은 우리말의 발음과 형태로 적응되는 단계를 밟는다. 이렇게 최종적으로 우리말로 동화된 단어를 외래어라고 부른다. 발음에 대해서는 앞에서 살펴보았으니,

여기에선 어휘 형태를 한번 보자.

보통 외국어에서 어휘를 수입할 때 가장 쉽게 많이 빌려오는 것이 바로 명사다. 새로운 물건이나 개념을 표현할 때 필요해서 차용하는 경우가 많기 때문이다. 위의 예시 글에서 본 차용어들도 대부분이 명사다. 그리고 이들 명사에 우리말의 조사가 자연스럽게 붙어 쓰인다.

> 모닝콜**이**, 스마트폰**의**, 알람**을**, 샴푸**로**, 샤워**만**, 메뉴**와**, 오피스**에**

또한 기존에 있던 우리말 명사들과 합하여 **복합어**compound를 이루기도 한다. 주식, 책, 작가와 같은 독립명사뿐만 아니라, 패스트푸드점처럼 의존명사 점이 붙기도 한다.

> **주식** 마켓, **간이** 키친, **책** 큐레이션, 베스트셀러 **작가**,
> 프리랜서 **작가**, 패스트푸드**점**

이 중 특히 베스트셀러 작가와 프리랜서 작가가 눈길을 끈다. 우리는 영어에서처럼 베스트셀링 작가bestselling writer, 프리랜스 작가freelance writer라고 하지 않는다. 왜냐하면 수입된 베스트셀러나 프리랜서라는 단어를 하나의 통으로 받아들여서 내부에 *best-sell-er*나 *free-lance-r*와 같은 형태소 결합 구조가 있다고 인식하지 못하기 때문이다. 비슷한 예로 역전 앞이나 일요일 날과 같은 말도 역전과 일요일의 내부 구성 요소를 생각하지 않고 하나의 덩어리로 본 데서 기인한 마찬가지 현상이다.

또한 우리말의 명사처럼 복수형 접미사 들이 붙기도 한다.

> 멤버들, 뮤지션들, 콘텐츠들

여기에서도 흥미로운 현상이 보이는데, 바로 콘텐츠들이다. 콘텐츠는 단수형 콘텐트content에 영어의 복수형 접미사 s가 붙어 콘텐츠contents가 된 것인데, 여기에 한국어의 복수형 접미사 들이 또 붙은 것이다. 본의 아니게 이중 복수형이 되었다. 베스트셀러와 프리랜서에서 살펴본 것처럼 이것도 수입된 어휘는 내부 구조에 대한 이해 없이 하나의 통으로 인식된다는 또 다른 예이다.

이제 동사를 살펴보자. 명사와 달리 동사는 차용되어도 동사로 쓰이지 않는다. 엄밀히 말하면 동사를 수입한 것이 아니라는 뜻이다. 사실 다른 나라 말에서 명사 이외의 단어를 수입하는 일은 극히 드물다. 로그아웃log out으로 예를 들어보자. 만일 로그아웃이 동사라면 우리말의 동사 어간에 붙는 시제나 상을 나타내는 어미들, 즉 는다, 고 있다, 었다, 을 것이다 등이 붙을 수 있어야 한다. 그러나 이 중 어느 것도 불가능하다. 비슷한 발음으로 끝나는 우리말 동사 웃(다)와 비교하면 확연한 차이를 알 수 있다.

(비문법적인 예문 앞에 *을 붙였다.)

*나는	컴퓨터를	로그아웃는다.
*나는	컴퓨터를	로그아웃었다.
*나는	컴퓨터를	로그아웃고 있다.
*나는	컴퓨터를	로그아웃을 것이다.

나는	컴퓨터를 보며	웃는다.
나는	컴퓨터를 보며	웃었다.
나는	컴퓨터를 보며	웃고 있다.
나는	컴퓨터를 보며	웃을 것이다.

수입된 동사가 동사로 쓰이지 않는다면 도대체 뭐로 쓰이는 것일까? 다름 아닌 바로 명사로 바뀌어 쓰인다. 위 예문에 나온 영어의 동사들, 로그아웃log out, 링크link, 업로드upload, 패스pass, 체크check는 모두 명사가 되어 우리말의 동사 하다와 같이 쓰여 동사가 된다. 물론 이 영어 단어들은 본래 명사로도 쓰이기 때문에 애초에 명사로 수입되었다고 볼 수도 있다. 요점은 어찌 되었든 동사 그대로는 못 쓴다는 것이다. 버스킹busking처럼 이미 동명사가 되어서 하다와 만나는 경우도 있다.

로그아웃하다, 링크하다, 업로드하다,
패스하다, 체크하다, 버스킹하다

나는	컴퓨터를	로그아웃한다.
나는	컴퓨터를	로그아웃했다.
나는	컴퓨터를	로그아웃하고 있다.
나는	컴퓨터를	로그아웃할 것이다.

형용사는 어떨까? 프랑스어로부터 직접, 혹은 영어를 거쳐 수입된 시크 chic와 영어에서 온 쿨cool, 핫hot 모두 형용사로는 못 쓴다. 동사와 마찬가지로, 형용사로 수입한 것이 아니라는 뜻이다. 한 언어가 외국어에서 명사 이외의 단어를 차용해서 쓰는 것은 이만큼 드문 일이다. 시크chic를 발음이 비슷한 우리말의 형용사 크(다)와 비교해 보자. 시크가 형용사 크(다)처럼 활용하지 못한다는 것을 바로 확인할 수 있다.

*그 사람은	참	시크다.
*그 사람은	어렸을 때도	시컸다.
*시큰	사람과	어울리기 힘들다.
그 사람은	참	크다.
그 사람은	어렸을 때도	컸다.
큰	사람과	어울리기 힘들다.

그렇다면 수입된 형용사는 어떻게 사용될까? 이도 역시 동사 하다와 만나 형용사가 된다. 동사와 마찬가지로 수입 형용사를 명사로 만들어 하다를 붙인다고 생각할 수도 있고, 우리말에 하다로 끝나는 형용사가 있으니 비

슷하게 유추하여 만들었다고 볼 수도 있겠다.

> 시크하다, 쿨하다, 핫하다
>
> 무심하다, 시원하다, 따뜻하다

그 사람은	참	**시크하다.**
그 사람은	어렸을 때도	**시크했다.**
시크한	사람과	어울리기 힘들다.

그러고 보니 하다가 참 '열일'한다. 수입된 동사에도 붙어 함께 동사가 되어주고, 수입된 형용사에도 붙어 함께 형용사가 되어준다. 외래어의 진정한 친구라 아니 할 수 없다. 하다는 일반 동사에 비해 의미가 거의 없이 '가볍다' 하여 경동사(light verb)라고 부르는데 이쯤 되면 '박애 동사'라고 불러야 될 것 같다.

사실 영어에서 형용사가 서술어로 쓰이는 형태를 보면 이다도 좋은 대안이긴 한데 우리는 하다를 선호하는 것 같다.

| She | is | chic. |
| *그녀는 | 시크 | **이다.** |

우리가 이다를 전혀 안 쓰는 건 아니다. 다만 형용사에 안 쓴다는 말이다.

> 굿모닝**입니다.**

에서 보지 않았는가. 사실 *Good morning*은 독립적으로 쓰는 상용구나 문장에 가까운데 여기에도 이다를 붙이는 걸 보면 우리는 이것도 통으로 명사 취급하는 것 같다. 그냥 "굿모닝Good morning"만 말하면 영어로 들리고, "굿모닝입니다"라고 하면 왠지 우리말로 동화된 느낌이다.

사실 굿은 여러 면에서 좀 특이하다. 일단 위에 언급한 다른 형용사들과는 달리 하다가 아니라 이다가 붙는다.

> 굿이다
> *굿하다

아마도 굿하다라고 하면 '(무당이) 굿을 하다'는 다른 뜻으로 오해될 소지가 있어서 바꿔 쓰는 것이 아닌가 짐작해 본다. 누가 일부러 하다 대신 이다를 붙이라고 시킨 것도 아닌데, 사람들이 자연스럽게 바꾸는 것을 보면 참으로 신기하다.

굿에 관해 또 한 가지 특이한 점은 굳이라고 원어에 가까운 한글 자소로 표기할 수 있는데도 굳이 ㅅ 받침을 써서 굿이라고 표기하는 것이다. 이건 위에서 본 로그아웃의 아웃과 핫도 마찬가지다.

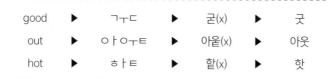

good	▶	ㄱㅜㄷ	▶	굳(x)	▶	굿
out	▶	ㅇㅏㅇㅜㅌ	▶	아웉(x)	▶	아웃
hot	▶	ㅎㅏㅌ	▶	핱(x)	▶	핫

이렇다 보니 이다가 붙게 되면 원래 영어에서 [d]나 [t]였던 소리가 뜬금 없이 [s]로 변하는 참사가 벌어진다. 영어가 바다 건너와서 고생하는 케 이스다.

| 오늘 | 컨디션 굿이에요[구시에요] | ◀ | 굳(good)이에요[구디에요](x) |
| 오 | 나이스 샷입니다[샤십니다] | ◀ | 샽(shot)입니다[샤팁니다](x) |

한국어에서는 **말음끝소리법칙**에 의해 ㅅ을 비롯한 모든 마찰음과 파찰음 은 다 같은 위치의 대표 파열음인 [ㄷ]로 소리 나는데도, 왜 대표음 ㄷ으 로 안 쓰고 굳이 ㅅ을 쓰는 것일까? 한두 가지 정도의 이유를 생각해 볼 수 있을 것 같다.

| 낫 낳 낮 낯 | ▶ | [낟] |

첫 번째 이유는 **구개음화**를 피하고자 한 것일 수 있다. 한국어에서는 종성 ㄷ/ㅌ이 다음에 이 모음을 만나면 구개음인 ㅈ/ㅊ이 된다. 굳이[구지]와 같

이[가치]가 그 예다. 그런데 영어의 *good*이나 *shot*을 굳이나 샽이라고 쓰면, 딱 이 구개음화의 환경이 조성되는 것이다. 그러면 [구지에요], [샤치에요]라고 발음해야 되는 상당히 난처한 상황에 처하게 된다. 그래서 이를 무의식적으로 피하고 싶었던 것일 수도 있다. [구시에요]가 더 나은 지, [구지에요]가 더 나은 지, 잘 모르겠다. 어쨌든 굳good이 한국에 온 후로 영어 *good*의 원래 발음처럼 [ㄷ]를 고수하지는 못할 팔자임은 분명한 것 같다.

두 번째 이유는 아마도 **유추** 혹은 **아날로지**analogy 때문일 것이다. 유추란 어떤 단어나 어법이 비슷한 다른 단어나 문법 형식을 모델로 삼아 형성되는 과정을 말한다. 예를 들어, 서로는 (훈민정음 서문에도 나오듯이) 원래 서르였는데, 저절로나 함부로 같은 다른 비슷한 부사가 로로 끝나는 것을 보고 이와 형태가 같을 것이라고 유추하여 서로로 바뀌게 된 것이다. 다른 흔한 예들을 보고 대세를 따르는 것, 이런 현상을 유추라고 부른다. 이와 마찬가지로, ㄷ으로 소리 나는 한국어 단어 가운데 것, 곳, 멋, 옷, 낫다, 벗다, 웃다, 젓다 등 흔하게 쓰이는 말들이 ㅅ 받침으로 끝나다 보니 ㄷ 소리의 대표는 ㅅ 받침이라고 유추하여 굳이 굿이 되고 샽이 샷이 되었을 가능성이 있다. 또한 만약에 위에서 살펴본 시크, 쿨, 핫 등의 수입 형용사에 하다가 붙는 것도 한국어 형용사 무심하다, 시원하다, 따뜻하다에 하다가 붙는 걸 따라한 것이라면 이것도 유추의 예가 된다.

영어에서도 유추 현상 때문에 단어의 형태가 바뀐 일이 상당히 많다. 대표적으로 300개가 넘던 영어의 불규칙동사들이 중세를 지나 현대로 들어서며 규칙동사로 변한 것도 바로 유추 즉, 아날로지 덕분(?)이다. 예를 들어, 동사 *help*는 원래 불규칙동사로 현재-과거-과거분사형이 *help-holp-holpen*과 같이 활용conjugate되었었다. 그런데 다른 규칙동사들로부터의 유추에 의해 규칙 어미인 *-ed*를 붙이는 형태로 바뀐 것이다. 이렇듯 다른 일반적인 형태를 따라하는 것이 바로 유추다.

help	holp	holpen
▼		
help	helped	helped

우리가 콩글리시 단어로 사용하던 *skinship*도 아마 유추에 의해 만들어졌을 것이다. *friend*에 *ship*이 붙은 *friendship* 같은 단어로부터 유추하여 *skin*에도 *ship*을 붙일 수 있다고 생각했을 것 같다. 이제 옥스포드 영어사전Oxford English Dictionary에 등재되었으니 더 이상 콩글리시도 아니지만 말이다. 유추는 이렇듯 기존 어형을 바꾸거나 새로운 어휘를 만들어내는 데에 매우 중요한 역할을 한다.

이제까지 영어의 명사, 동사, 형용사가 우리말로 차용되어 어떻게 형태가 변형되어 쓰이는지를 살펴보았다. 사실 수가 좀 많아졌다 뿐이지 이런 **독립어휘**free morpheme가 수입된 것은 이전에도 있던 터라 크게 놀라운 일은 아니다. 다만, 동사나 형용사는 수입된 이후에는 본래의 독립성을 잃고 하다에 기대야만 존재할 수 있는 일종의 **의존어휘**bound morpheme로 변한다는 것이 특이한 점이라 할 수 있겠다. 모두 우리말에 동화되기 위해 일종의 명사화 전략을 취한 셈이니 대단히 영리하다 할 수 있겠다. 이렇게 명사를 수입하는 정도는 아직 안심해도 된다.

명사 수입 정도는 웃으며 넘어가던 나를 경악하게 만든 것은 우리가 의존어휘도 직접 수입하기 시작했다는 점이다. 첫 번째로 눈에 띄는 것은 접두사 셀프self다.

> 반찬과 물은 **셀프**입니다   〈명사〉

셀프는 셀프서비스self-serive에서 서비스를 잘라내고 앞부분만 쓰는 콩글리시다. 원래 영어에서는 의존어휘였던 셀프가 한국어로 이사 와서는 버젓이 독립어휘 행세를 하는 거다. 이건 사실 크게 놀랄 일이 아니다. 오히려 정말 놀랄 일은 셀프가 이제는 실제로 접두사로 쓰인다는 것이다.

> 오늘도 열심히 산 나를 **셀프**칭찬해 줬다   〈접두사〉

셀프칭찬하다는 동사 칭찬하다에 셀프를 붙여 새로운 **파생**derivational 동사를 만든 것이다. 자가 칭찬하다 같이 이전에는 한자 접두사 자가自家가 하던 일을 이제는 영어 접두사가 대체하려는 모양이다.

비슷한 예로 프로도 있다. 이전에는 프로페셔날professional을 줄여 프로라고 쓴 것인데, 보기에는 접두사처럼 보여도 실제로는 독립명사로 썼던 것이다. 그런데 이제는 프로도 진짜 접두사로 쓴다. 프로N잡러가 그 예다.

> 난 **프로**니까.　　　　　　　　　　　　〈명사〉
> **프로**N잡러의 하루를 마무리한다.　　　　　〈접두사〉

접사 차용의 예에 파생접사만 있는 것이 아니다. 굴절inflectional접사까지 등장했다. 영어의 복수형 접미사 -s가 그 예다. 쓰와 즈 형태로 발견되는데, 사실 만일 영어였다면 언니나 동생도 끝이 유성음이니까 다 [z]로 발음하여 언니즈나 동생즈가 되어야 하는데 우리는 쓰로 쓰는 게 흥미롭다.

> 구구**즈**, 언니**쓰**, 동생**쓰**

셀프나 프로는 그나마 내용이 있는 실질어휘content morpheme이지만, 문법 기능만 있는 기능어휘function morpheme를 다른 나라 말에서 차용하는 일은 정말 어느 나라 말이든 웬만해서는 하지 않는데, 정말 이게 '머선 일'인지 걱정이 된다. 설마 쓰/즈가 우리말의 복수형 접미사 들을 대체하진 않겠지? 그나마 아직까지는 팀 이름인 고유명사에만 쓰고 생성력이 강력하지는 않은 듯하여 조금은 안심이다. 일종의 말장난으로 잠시 스치고 지나가

길 바랄 뿐이다.

KBS 〈언니들의 슬램덩크〉 (2020.5.26)   tvN 〈슬기로운 캠핑생활〉 (2021.10.18)

사실 복수형 s 보다도 나를 진심으로 고민하게 만든 오늘의 주인공은 바로 러이다.

> 지각러, 프로혼술러, 프로N잡러, 악플러, 불편러

의미로 짐작컨대 이 러는 아마도 행위자를 나타내는 영어의 접미사 -er/ar/or에서 온 것 같은데, 독립어휘도 아닌 파생접미사를 수입하다니, 정말이지 이건 매우 심각한 수준의 언어 침투가 아닐 수 없다. 쓰/즈는 그래도 별로 흔하지 않아서 지나가는 유행으로 치부할 수 있지만 러는 번식력이 너무나 왕성하다. 이전에도 영어의 행위자 접미사 ist가 수입되어 귀차니스트에 활용된 적은 있으나, 러처럼 여기저기 다 쓰인 적은 없었다. 러는 동사든 명사든 거의 아무데나 붙는 것 같다. 이 정도의 생성력이라면 한동안 우리말에서 사라지지 않을 듯하니 억지로라도 정을 붙여봐야 할 것 같다.

그건 그렇다 치고, 그런데 어째서 어_er_가 아니라 _러_가 됐는지가 의아하지 않은가. 싱어_singer_처럼 어를 붙이면 되지 않나? 놀랍게도 어를 붙이는 유일한 경우는 _싱어_처럼 앞음절 받침이 ㅇ일 때뿐이다. 왜냐하면 한국어에서는 종성 ㅇ이 유일하게 연음법칙의 적용을 안 받는 경우이기 때문이다. **연음법칙**_resyllabification_이란 뒷음절이 모음으로 시작할 때 앞음절의 종성이 뒷음절의 초성이 되는 현상이다.

> 러너, 게이머, 유튜버, 유저, 인플루언서, 프리랜서, 큐레이터, 팔로워
> 런어, 게임어, 유튭어, 유ㅈ어, 인플루언ㅅ어, 프리랜ㅅ어, 큐레이ㅌ어, 팔로우어
> runner, gamer, YouTuber, user, influencer, freelancer, curator, follower

우리말의 연음법칙이라는 속사정 때문에 영어의 _er_는 한글로 표기되면 너, 머, 버, 서, 저, 터, 워 등 온갖 다른 모습으로 둔갑하게 된다. 같은 이유로 _l_로 끝나는 _sell_이나 _tell_ 같은 단어들은 _러_가 되야 마땅한데, ㄹ은 다른 자음과는 달리 그리 단순한 문제가 아니다. 왜냐하면 우리말의 ㄹ은 종성에서는 [l]로 발음되나 초성에서는 [r]로 발음되기 때문에, 연음법칙으로 인해 종성에서 초성으로 갈아타면 소리가 바뀌게 되기 때문이다.

돌	▶	돌아서 [도라서]
불	▶	불이 [부리]
칼	▶	칼을 [카를]

그래서 원어의 [l] 발음을 살리려고 앞음절 종성 ㄹ도 살려주고 뒷음절 초성에도 ㄹ을 붙여 러를 붙이는 것은 상당히 합리적인 선택이다. 혼술러, 악플러의 러도 똑같은 이유 때문이라고 생각할 수 있다.

| bestsell**er** | ▶ | 베스트세러 (x) | ▶ | 베스트셀러 |
| storytell**er** | ▶ | 스토리테러 (x) | ▶ | 스토리텔러 |

하지만 문제는 ㄹ로 끝나지 않는 단어에도 모두 러를 붙인다는 것이다. *지각러, N잡러, 불편러* 등등. 도대체 왜?

사실 생각해보면, 행위자(er)를 나타내는 다 똑같은 뜻의 접미사인데 단어의 끝 종성에 따라 거, 너, 더, 러, 머, 버, 서, 어, 저, 처, 커, 터, 퍼, 허로 다 다르게 붙일 순 없는 노릇 아닌가? 합리적인 화자들이라면 하나로 정하는 게 당연한 수순이다. 이 대표선수에 러가 뽑힌 것이다. 이로써 파생접미사 *er*의 한국어화 과정이 마무리된 셈이다.

그런데 왜 하필 *러*지? 정답은 또 '유추'다. 다른 단어에 러가 붙는 걸 보고 그것이 대세라고 판단하여 무조건 러를 붙이는 것이라 볼 수 있다. 시작은 *갤러*였다는 설이 있다. 온라인 'DC인사이드 갤러리'를 사용하는 사람을 일컬어 갤러라고 부른 데서 기인했다는 설이다. *갤*이 ㄹ로 끝나니 *러*가 당연한 선택이었겠지. 어떤 면에서는 본음인 *어er*와 소리가 제일 비슷해서

일 수도 있다. 시작이 무엇이었는지는 더 이상 중요하지 않다. 중요한 것은 화자들의 뇌리에 러가 남았다는 점이다.

따지고 보면 과거에도 한자어에서 행위자를 나타내는 가家나 자者 같은 파생접미사가 수입된 적이 있다. 화가, 작가, 사용자, 기자 등등. 이제는 그것이 원래 다른 언어에서 왔다는 걸 의식하지 못할 뿐이다.

| 아티스트 | ◀ | 화가 | ▶ | 그림러 |
| 유저 | ◀ | 사용자 | ▶ | 사용러 |

이제 행위자를 나타나는 기존의 단어는 두 갈래 길로 진화의 여정을 달리고 있다. 하나는 아티스트artist, 유저user처럼 영어에서 온 어휘로 완전히 대체하는 것이고, 나머지 길은 접미사 어er만 수입하여, 한국어스럽게 러로 동화시킨 후, 기존의 단어에 붙이는 것이다. 어쩐 일인지 전자가 후자보다 좀 더 전문적이고 고급진 느낌이 들고 후자는 좀 더 언어유희 같이 들리는 건 나만의 기분일까? 그런데 세월이 흘러서 이들의 위상이 어떻게 바뀔지는 좀 두고 봐야 한다. 그림러가 아티스트보다 더 전문적인 느낌이 들게 될지도 모를 일이다. 그때까지 살아남는다면 말이다.

그렇다면 지금 책을 쓰고 있는 나는 작가일까, 글쟁이일까, 라이터writer일까, 아니면 글러일까?

아, 언어학자니까 말러?

말러의 말로가
궁금하다
동의어와 의미 변화

작곡가 말러의 이야기가 아니다. 요즘 말로 소위 '낚이셨다'면 죄송하다. 이 글은 작곡가보다는 작가에 대한 얘기다. 더 정확히는 *작가*와 *글쟁이*와 *라이터*와 *글러*에 대한 얘기다. 그리고 아직 출현하지 않은 *말러*에 대한 얘기이기도 하다.

*글쟁이*와 *작가*는 동의어synonym다. *글쟁이*는 순수 우리말이고 *작가*는 한자어에서 차용된 말이라서 어원이 다를 뿐이지 '글을 쓰는 사람'이라는 비슷한 뜻을 가진 단어다. *글쟁이*는 우리말 어근인 *글*에 *쟁이*라는 행위자 접미사가 붙어서 형성되었고, *작가*는 한자어 어근인 *작作*에 행위자 접미사 *가家*가 붙어서 만들어졌다. 어휘 구성 요소만 뜯어보면 둘이 크게 다를

바 없지만 글쟁이와 작가는 의미가 정확히 같다고 하기 어렵다. 정확한 의미 파악을 위해 국어사전에 한번 물어보도록 하자.

글쟁이:

1. 글 쓰는 것을 직업으로 하는 사람을 얕잡아 이르는 말

2. 글 쓰는 것을 직업으로 하는 사람이 스스로를 겸손하게 이르는 말

작가:

문학 작품이나 그림, 조각 따위의 예술품을 창작하는 일에 종사하는 사람

〈고려대한국어대사전〉

우선 가장 큰 차이는 작가는 글 이외에 그림, 조각 같은 창작 행위를 하는 사람을 일컫기도 하지만, 글쟁이는 글을 쓰는 사람만을 지칭한다. 작作이 '만들다'는 뜻이니 작가의 의미가 더 광범위하다는 것이 이해가 간다. 그런데 작가에 '미술 작가'는 포함되는데 왜 '음악 작가'는 포함되지 않을까? 말러의 예에서 보듯이 음악(곡)을 만드는 사람은 굳이 더 구체적으로 작곡가라고 한다. 그림 그리는 사람은 구태여 '작화가'라고 하지 않는데 말이다. 또 하나의 차이는 글쟁이에는 '글 쓰는 사람'이라는 글자 그대로의 **외적 의미** 혹은 **표시의미**denotation 이외에 '얕잡아' 이르는 말이라든지 '스스로를 겸손하게' 이르는 말이라든지 하는 **내적 의미** 혹은 **암시의**

미connotation가 담겨있다는 것이다. 단어가 가지는 이러한 암시의미 때문에 우리는 좋아하는 소설가나 시인을 '폄하'하여 '글쟁이'라고 부르지 않고 '작가'라고 부르는 쪽을 택한다.

한자어에서 온 동의어를 봤으니 이번엔 영어에서 온 동의어 *라이터*writer도 한번 살펴보자. 그런데 영어 어근 *write*에 행위자 접미사 *er*를 붙여 만든 *라이터*는 아직 외국어 냄새가 짙어서 이것이 우리말 단어인지 아닌지 판단이 잘 안 선다. 그래서 한번 검색을 해봤더니, 정식 국어사전에는 등재되지 않았고 '오픈사전'에 나온다. 아직 외국어 내지 신조어 태를 못 벗었다는 뜻이다. 그럼에도 불구하고 의미를 찾아보니 제법 흥미롭다. '시나리오를 쓰는 사람'을 이르러 *라이터*라고 한단다. 다시 말하면, *라이터*는 일반적인 작가가 아니라 콕 집어 시나리오 작가라는 뜻으로만 쓴다는 말이다. 영어의 *writer*는 일반적인 '글 쓰는 사람, 작가'라는 뜻인데 우리말로 건너오면서 사용 범위가 좁아진 것 같다. 이러한 의미 변화를 **의미축소**narrowing라 부른다.

라이터:
Writer. 시나리오를 작성한 사람을 뜻하는 말로, '시나리오 라이터'의 줄임말
〈오픈 사전 PRO〉

라이터를 검색하다보니 *카피라이터*가 얼떨결에 따라 나온다. 아 그렇지, 광고의 카피라이터는 꼭 라이터라고 하지. 카피 작가? 그런 말은 못 들어본 것 같다. 이 역시도 의미가 축소된 경우다. *라이터*는 확실히 전문적인 용어로 자리 잡은 모양이다.

카피라이터:

광고의 글귀를 만드는 사람.

〈표준국어대사전〉

이제 마지막으로 글러를 한번 살펴보자. 글러를 같은 동의어 반열에 올려 놓는 것에 불편함을 느끼는 사람들도 있을 터다. 글러는 바로 앞 장에서 살펴본 프로N잡러처럼 행위자를 나타내는 *러*가 붙는 인터넷 신조어로서 *그림러*와 함께 자주 등장한다고 한다. 처음 들어봤더라도 그 뜻을 짐작할 수 있을텐데, 기본적인 의미는 각각 '글 쓰는 사람'과 '그림 그리는 사람'이라는 뜻이다. 우리말 어근인 *글*에다가 최근 영어에서 수입한 er를 변형시킨 행위자 접미사 *러*를 붙여 만든 일종의 하이브리드 어원의 단어다. 주로 인터넷 커뮤니티에서 2차 창작 활동을 하는 아마추어 *작가*들을 일컫는다고 하는데, 아직 단어의 연식이 짧다 보니 정확한 뜻은 여전히 가변적인 것 같다. *라이터*와 마찬가지로 현재로서는 일반적인 '글 쓰는 사람'보다는 의미 범위가 더 좁은 것은 분명해 보인다.

어원이 제각각이긴 하지만 모두 '글 쓰는 사람'이라는 공통된 의미를 가진 동의어인데 자세히 뜯어보니 뜻이 조금씩 다 다르다. 사정이 이러니 동의어라고 다 동일 선상에 놓고 서로 맞바꾸어 쓰면 안 된다. 노란색이라고 다 같은 노란색이 아니듯이 말이다. 노랗다, 누렇다, 노리끼리하다, 누르스름하다 중 어느 것을 골라 쓰느냐에 따라 색깔의 미묘한 차이를 느낄 수 있듯이, 글쟁이, 작가, 라이터, 글러 중 어느 것을 선택하느냐에 따라 글의 종류와 내용, 글 쓰는 목적과 장소, 글 쓰는 사람의 신분마저 달라지는 느낌이다. 처음에는 서로 바꿔 쓸 수 있는 똑같은 의미의 진정한 동의어였을는지도 모르지만, 이렇게 비슷한 뜻의 낱말이 여러 개 생기면, 점차 자기만의 색깔을 드러낼 수 있는 고유의 영역을 찾아 한 자리씩 차지하기 마련이다. 낱말도 사람과 비슷해서 남과 똑같은 꼴은 못 견디기 때문에, 자기만의 개성을 찾아 의미의 축소narrowing, 확장extension, 퇴화degenration, 부활regeneration 등의 절차를 거치며 점차 특화되어 간다. 좀 심한 경우에는 앞서 살펴본 존나처럼 의미가 탈색bleaching되어 거의 기능어휘function word 가 되기도 한다.

몇 년 전에 학생들과 한바탕 논쟁이 벌어진 적이 있었다. 논제는 평등하고 포용적인 사회를 구현하기 위해서 소위 '올바른Politically Correct' 언어를 사용해야 하며, 그러기 위해서는 '여자친구', '남자친구' 같은 성性 특정적 어휘 대신에 성 중립적인 '애인'을 사용해야 한다는 것이었다. 나는 대체어로 제안된 애인이라는 단어에 흠칫 놀라 성 인지性認知 및 젠더 감수성 이슈와 언어와의 관계에 대한 논의도 제대로 해 보지 못한 채 발목이 잡혀버렸다. 내 머릿속 사전에 등재되어 있는 애인은 여자친구나 남자친구와는 전혀 다른 느낌의 단어였기 때문이다. 영어로 치면 *lover*와 같은 느낌이라고 할까. 그래서 단어의 의미에 대해 장황하게 설명을 시작한 게 실수였다. 애인은 단순히 '사랑하는 사람'이라는 표시의미denotation만 있는 것이 아니라 암시의미connotation도 있는데, 남자친구, 여자친구와 애인은 암시의미가 상당히 다르다. 표시의미denotation가 비슷하다고 다 동의어가 아니다. 이런 이유 때문에 내가 아무리 성평등 취지에 동의한다고 해도 나는 애인을 대체어로 사용하지 않을 것 같다, 등등의 '헛소리'를 해대다가 학생들에게 집중포화를 맞고 토의를 급마무리했다. 젠더 감수성이라고는 눈 씻고 찾아볼 수 없는 무지몽매한 꼰대로 찍힌 게 분명하다.

여자친구, 남자친구, 애인, 연인도 '사랑하는 사람'이라는 기본 뜻을 공유하는 동의어이지만 이미 각기 뉘앙스가 다른 단어로 발전하여 서로 자기영역 확보를 끝마친 상태이기 때문에 상호간에 단순 대체가 불가능하다. 그런데 이제 와서 갑자기 가진 땅을 다시 다 내놓고 의미 영역의 경계선을 다시 정해보자든지, 아니면 옆집을 쫓아내고 내가 다 차지하겠다고 나서면 참 난감한 일이 아닐 수 없다. 뭐 그렇다고 아예 불가능하다는 말은 아니다. 시간이 걸릴 것이라는 뜻이다. 나 같은 사람이 애인의 암시의미를 잊고 **의미확장**extention을 받아들이려면 어느 정도의 적응 기간이 필요하다. 아마 내 살아생전엔 안 되지 싶다. 말이라는 게 습관이라서 아무리 맘이 급해도 변화가 하루아침에 일어나진 않는다.

중국어에서는 애인의 세력 다툼이 다른 양상으로 전개된 것 같다. 놀랍게도 중국어에서는 愛人애인[아이런]을 보통 '배우자'라는 뜻으로 쓴다. '배우자'도 당연히 '사랑하는 사람'일 테니(적어도 한 때는 그랬을 테니) 생각해보면 아주 놀라운 일은 아닌데, 그래도 좀 적응이 쉽진 않다. 우리와 같이 '애인'이라는 뜻으로도 쓰기도 하는 모양이지만 아무래도 '배우자'에게 이미 밀리고 '애인'의 자리는 情人정인[칭런]에게 넘겨준 듯하다.

애인: 서로 애정을 나누며 마음속 깊이 사랑하는 사람　　　〈표준국어대사전〉

愛人: 1. 남편 또는 아내; 2. 애인　　　　　　　　　　　〈고려대중한사전〉

동의어는 왜 생길까? 이미 비슷한 뜻의 낱말이 있는데 유사한 뜻의 새로운 단어가 또 생겨서일 것이다. 새로운 단어는 왜 생길까? 아마도 기존의 단어로는 사용자의 생각과 감정을 충분히 표현하지 못한다고 느껴서일 것이다. 언어는 의사소통의 수단이자 자기표현의 수단인데, 기존의 어휘가 소통이나 표현의 수단으로 부족하다면 새로운 어휘가 필요할 수밖에 없다. 그럼 새로운 단어는 어떻게 생겨날까? 어느 언어에서든 새로운 사

물이나 개념을 표현할 새로운 어휘가 필요할 때는 두 가지 방법 중 하나를 선택하게 된다. 첫째는 그 언어 안에 존재하는 기존의 단어나 형태소를 조합해서 그 언어의 조어 규칙에 맞춰 새로운 단어를 만드는 것이고, 둘째는 다른 언어에서 새로운 단어를 수입하는 것이다.

요즘 우리는 이 두 가지 갈림길에서 대체로 후자를 선택하는 것 같다. 라이터처럼 비슷한 뜻의 단어를 들여오기도 하고, 글러의 러처럼 일부만 들여와 기존의 낱말 글과 조합해서 쓰기도 한다. 뭐 새삼스러운 일도 아니다. 먼 옛날에는 주로 중국어에서 한자어를 빌려왔지만 요즘은 영어로 바뀐 것뿐이다. 컴퓨터가 전자계산기라고 불리던 시절을 기억하는 분이 계신지 모르겠다. 한자 조합어인 전자계산기를 버리고 컴퓨터로 갈아타는 것이 요즘 우리 언어생활의 추세다. 그런데 한자어는 이미 오래전에 발음도 뜻도 이미 한국어화 되었기 때문에 한자어 조합의 어휘생성 방식은 이제 완전히 우리말의 조어 방식이 되었다. 어원이 같은 한자어라도 다른 언어로 수입되면 그 나라 말이 되기 때문에 전혀 다른 방향으로 변화하는 일도 종종 일어난다. 그래서 같은 한자어인데 중국어와 일본어와 한국어의 단어가 다른 경우가 꽤 있다.

공부(工夫): 공부 〈한국어〉
꿍푸(工夫): 시간, 틈, 여가; 무술 〈중국어〉
고후(工夫): 공사장의 인부 〈일본어〉

예를 들어, 工夫처럼 발음도 의미도 전혀 다른 단어들이 된다. 한국어의 공부와 중국어의 꿍푸와 일본어의 고후가 처음 출발한 한자가 같다고 해서 같은 단어가 전혀 아닌 것과 같다.

유심히 보면 영어의 홍수 속에서 부분적이긴 하나 한자어의 약진도 눈에 띈다. 원래부터 있던 한자어인데 새로운 의미로 부활regeneration되어 제2의 전성기를 누리는 단어들도 있다. 강조접두사로 쓰이는 왕王과 핵核과 -한 상태를 나타내는 접미사로 쓰이는 각角이 그것이다. 스마트폰과 SNS의 발달로 짧은 글을 선호하는 요즘의 소통방식 때문에 한 음절로 압축하여 의미를 전달할 수 있는 한자어가 다시 각광을 받는 것이 아닌가 싶다. 그러나 이들을 한자어라고 생각하는 사람은 의외로 많지 않다. 이 단어들은 한국어에 들어온 지가 하도 오래돼서 그냥 한국어라고 생각한다. 한국어가 맞다. 중국어에서는 이런 발음과 용도와 의미로 쓰지 않으니까.

> 왕(王): **왕**짜증, **왕**피곤
> 핵(核): **핵**노잼, **핵**인싸
> 각(角): 밤샐**각**, 폭망**각**

그러나 대세는 역시 영어로부터의 차용이다. 이 시대의 우리는 왜 우리 말 안에서 새 단어를 만들지 않고 영어에서 들여오는 쪽을 선택할까? 급속도로 변하는 세상에서 애써 새로운 말을 만들기보다 그냥 이미 있는 말을 수입하는 것이 더 빠른 선택이어서일까? 아니면 미국 위주의 세계화에 빠르게 편입되고 있기 때문일까? 영어를 쓰는 것이 사회문화적으로 더 멋있게 느껴져서일까? 그것도 아니면 영어 교육을 너무 오랫동안 받아서일까? 정확히 무슨 이유에서인지는 몰라도 다수의 한국어 화자가 의식적, 무의식적으로 영어 단어를 수입하는 것이 기존의 한국어를 새로 조합하는 것보다 낫다고 느끼고 있는 것은 분명하다. 엄청나게 의식적으로 노력하지 않는 이상 이 흐름을 돌려놓기는 쉽지 않아 보인다.

사실 우리만 그런 것도 아니다. 영어는 다른 언어에서 빌려오기로 따지면 타의 추종을 불허하는 악명 높은 언어다. 유럽의 변방에 위치한 섬나라의 보잘 것 없던 언어가 전 세계에서 가장 많은 외국인이 배우는 글로벌 언어가 된 데에는 물론 근대 영국과 그 뒤를 이은 미국의 정치, 경제, 문화, 기술적 파워와 깊은 관련이 있다. 이들이 강대국이어서이지 영어라는 언어가 특별히 잘나서가 아니다. 그럼에도 불구하고 영어가 세계어로 자리 잡는 데에는 이러한 언어 외적인 면 이외에도 영어 자체가 가진 특징도 한몫 했다고 보기도 한다. 그런데 흥미롭게도 영어가 우수해서라기보다는 오히려 영어의 허술한 면이 도움이 되었다고 보는 견해가 우세하다. 첫째는 12세기에서 14세기까지 약 300년 동안 영국에서 프랑스어를 공식어로 쓰는 통에, 따라지 취급을 받던 영어가 제대로 교육되지 않아 복잡한 곡용declension과 활용conjugation 어미가 단순화되어 문법이 쉬워진 탓이라고 한다. 그런데 이보다 더 설득력 있는 이유는 영어 특유의 어휘 개방성

즉, 다른 언어에서 끊임없이 어휘를 빌려다 쓴 점이 영어가 세계어로 쉽게 받아들여지도록 도왔다는 말이다. 외국인들이 좀더 익숙하게 받아들일 수 있게 되어서라는 뜻이다.

영어가 프랑스어와 라틴어를 비롯해서 전 세계에서 빌려온 어휘 수는 우리가 한자어에서 빌려온 어휘 수보다 많으면 많지 절대 적지 않다. 만일 영어가 외국어에서 빌려오지 않고 게르만어족Germanic 특유의 **복합어** **compounding** 같은 앵글로색슨Anglo-Saxon의 '순수' 어휘 생성 방법을 고수했다면, 아마 지금 우리는 독일어와 같이 어마어마하게 긴 영어 단어들을 외우고 있어야 할지도 모른다. 독일어에서는 '작은 성냥갑' 하나 말하는데 *Streichholzschächtelchen*, 총 24개의 글자가 동원된다고 한다. 요즘은 성냥을 잘 안 쓰니 망정이지, 독일에서는 성냥 필요할 때마다 혀가 꼬일 것 같다.

tvN 〈온앤오프〉 (2020.9.5)

수 세기에 거쳐 프랑스어와 라틴어에서 꾸준히 수입을 한 탓에, 영어에는 어원이 다른 세 쌍둥이 동의어가 상당히 많다. 같은 의미의 단어더라도, 고유 영어인 앵글로색슨이 어원인 단어들은 일상생활에서 흔히 접할 수 있는 '친근하고 평범하다'는 느낌을 주고, 프랑스어가 어원인 단어들은 뭔가 '품위 있고 문학적이다'라는 뉘앙스를 풍기고, 라틴어가 어원인 단어들은 '어렵고 현학적이다'라는 분위기를 띤다고 한다. 스스로 단어 테스트를 한번 해 보면, 왼쪽이 제일 쉽고 오른쪽이 제일 어렵다고 느낄 것이다.

영어 동의어의 어원		
앵글로색슨어	프랑스어	라틴어
rise	mount	ascend
ask	question	interrogate
goodness	virtue	probity
fast	firm	secure
fire	flame	conflagration
fear	terror	trepidation
holy	sacred	consecrated
time	age	epoch

그렇다. 앞에서 살펴봤듯이 이렇게 한 언어에 동의어가 여러 개 생기면, 각각의 뜻이 점점 특화되면서 암시의미가 달라진다. 겉으로 드러나는 기본적인 뜻 이외에 서로 조금씩 다른 뉘앙스를 추가하며 어휘의 활용 스펙

트럼을 넓혀주어, 결과적으로 그 언어의 어휘를 매우 풍부하게 해 준다. 그 언어의 영토 자체가 넓어지는 것이다. 언어는 의사소통만의 도구가 아니라 표현의 도구이기도 하기 때문에 어휘가 풍부하다는 것은 그 언어의 표현력이 커진다는 뜻이다. 일례로 영어 작가 중 역사상 어휘력이 가장 풍부하다고 알려져 있는 세계적인 문호 셰익스피어Shakespeare는 당시 영국에서 한창 진행되었던 '라틴어 어원의 단어를 쓰지 말자'는 (영)국어순화 운동의 와중에서도 매우 유연한 태도를 보이며 필요에 따라 순수 영어 어휘, 프랑스어 어원 어휘, 라틴어 어원 어휘를 넘나들며 썼을 뿐만 아니라 신조어까지 만들어 자유자재로 사용한 것으로 유명하다.

다 알다시피 현재 우리말 어휘의 반 정도는 한자어다(많이 잡는 사람은 70%라고 하는 사람도 있다). 직접 수입한 말도 있고 우리가 스스로 조합한 말도 있다. 만일 역사를 돌이켜 우리가 한자어를 포함한 외래어 사용을 일절 금지하고 순수 우리말만 쓰기로 했다면, 우리의 생각과 감정을 다 표현하지 못했을까? 아니다, 그렇지 않다. 아마도 어떻게 해서든 우리 고유어로 필요한 말은 다 새로 만들어내서 썼을 것이다. 북한의 예를 보면 알 수 있지 않은가. 아이스크림 대신 얼음보숭이라고 하면 되는 것이다. 자연스럽게 생성되고 진화한 인간의 언어는 모두 스스로 필요한 표현을 만들어 낼 능력을 갖추고 있다. 세상의 모든 언어가 그렇다. 필요하면 만들어 낸다. 그럼에도 불구하고 외부로부터 새로운 단어와 표현을 빌려오는 것은 자의든 타의든 어디까지나 선택의 문제이지 본래 조어 능력이 없어서가 아니다.

나는 우리가 자체생성과 차용이라는 이 두 가지 기로에서 어느 쪽을 선택해야 한다고 주장하는 것이 아니다. 안타깝게도 언어란 마치 살아있는 생명체와도 같아서 몇 명이 핏대 세워 주장한다고 해서 통제될 수 있는 것이 아니다. 골목마다 언어 감시원을 세워두고 단속할 수도 없는 노릇 아닌가. 인터넷 시대에 이런 검열은 가능하지도 가당치도 않다. 물론 특정 단어가 나올 때마다 계정을 삭제하는 방법으로 검열을 하는 나라도 있다는 뉴스를 듣긴 했지만, 그 나라에서조차도 그런 검열이 썩 성공적으로 이뤄지는 것 같지 않다. 하루가 멀다 하고 들여오는 온갖 외래어와 날마다 새로 만들어내는 신조어로 인해 야기되는 소위 언어의 '파괴'와 '변질'은 맘먹고 막는다고 막아지는 것이 아니다. 학교 교육과 언론 캠페인을 통해 어느 정도 방향을 틀거나 속도를 늦출 수는 있겠지만, 근본적으로 언어는 당위와 논리가 이기는 영역이 아니다. 더구나 요즘 언론은 부채질 하는 쪽이지 불을 끄려는 쪽이 아니다. 결국 그 언어를 사용하는 언중言衆의 선택과 세월의 테스트를 통과해서 살아남는 것이 정답이 된다.

동서고금을 막론하고 속어나 은어가 없었던 적이 없었지만, 그렇다고 그 말들이 다 살아남지도 않았다. 전문 분야에서 사용되는 온갖 외래어 전문용어jargon들도 그 분야 밖에서는 생명력이 크지 않다. 사라질 것들은 사라지고 생존할 것들은 생존할 것이다. 다만, 현재의 경향으로 볼 때, 한자 기반의 '기존'의 한국어 어휘는 물밀듯이 쏟아져 들어오는 영어 수입어와의 힘겨루기가 힘들어 보인다는 것을 지적하는 것이다. 그것도 우리의 선택이니 어쩌랴.

이렇다 보니 우리말도 어원에 따라 달리 생성된 세 쌍둥이 동의어가 꽤 많아졌다. 왼쪽의 순수 우리말 어휘들은 역시 '친근하고 정다운' 느낌을 주고, 가운데의 한자어 어휘들은 뭔가 '중립적이고 전문적인' 느낌을 주고, 오른쪽의 영어 어휘들은 어쩐지 '세련되고 개방적인' 느낌을 주는 것 같다. 외래어의 차용이 기존 우리말의 어휘 체계를 뒤흔들어 놓아 근본 없이 무질서하게 만드는 것 같기도 하겠지만, 그 댓가로 우리말이 생동력 넘치고 표현력이 풍부한 어휘부를 보유하게 되는 것이다. 주어진 하나만을 사용해서 말하는 것보다 입맛대로 세 개 중에 하나를 고르는 선택이 주어지는 것은 행복한 고민이다.

한국어 동의어 어원		
순우리말	한자어	영어(서양어)
가게	상점	스토어
스스로	자기	셀프
뜰	정원	가든
밥집	식당	레스토랑
빛깔	색	컬러
아침	오전	모닝
온누리	전 세계	글로벌
물결	파도	웨이브
물뿌리개	분무기	스프레이
머리말	서문	프롤로그

더구나 이제는 이 세 어원을 넘나들며 각종 신조어가 만들어지고 있어서 어원을 따지는 게 무색할 지경이다. 그렇다고 너무 우려하지 않아도 되는 것이 재미와 편의로 만들어진 신조어 치고 오래 가는 것이 많지 않다. 신선함을 잃으면 재미도 따라 사라지기 때문이다. 한 이십 년 후에 이들 어휘를 쓰면 '쉰'세대 소리를 들을 수도 있으니 유의하기 바란다. 그리고 우리는 모두 언제 어디에서 이 단어들을 쓰는 것이 적절하고 적절하지 않은 지, TPO를 잘 알고 있다. 그러니 특정 시대와 세대와 집단의 정체성을 대표하는 신조어들을 너그럽게 봐주자. 맘이 내키면 좀 사용하는 것도 괜찮다. 지루한 일상에 이 정도면 건전한 일탈 아닌가.

> **우리말+한자어:** 개이득, 꿀피부, 빛흥민, 숲세권, 햇반
>
> **우리말+영어:** 겜알못, 꿀잡, 노잼, 맞팔, 킹의조, 혼코노, 혼밥러
>
> **한자어+영어:** 갓연아, 고퀄, 국룰, 노답, 뇌피셜, 단톡, 득템, 버카충, 부캐, 멘붕,
>
> 악플러, 재테크, 출첵, 치맥

언어는 신조어 좀 쓴다고 변질되거나 파괴되는 그런 유약한 존재가 아니다. 언어 파괴의 진정한 위협은 새로 생겨나는 단어가 아니라 오히려 아무 단어도 생겨나지 않고 정체되는 상태다. 이것은 위험 신호다. 지구상에 현재 2주일에 하나씩 언어가 멸종되고 있다고 하는데, 생성력을 잃은 언어는 멸종으로 가는 수순을 밟고 있는 것일 수도 있기 때문이다.

나도 이 틈에 나를 대표하는 신조어 하나를 슬쩍 들이밀어보고 싶어진다. 이왕이면 순수 우리말로 만들어보고 싶은데 여의치가 않다. 말로 먹고 사는 사람이니 말쟁이라고 하면 어떨까 했는데, 사전이 허락하지 않는다.

말쟁이:

1. 말이 많거나 말을 잘하는 사람을 낮잡아 이르는 말 〈표준국어대사전〉

2. 말수가 많아 수다스러운 사람을 얕잡아 이르는 말 〈고려대한국어대사전〉

왜 쟁이만 들어가면 얕잡아 본다고 야단인지. 멋쟁이는 멋지기만 하구만. 하여간 나는 말이 별로 많지도 않고 말을 잘하는 건 더더욱 아니라서, 낮잡아 보든 얕잡아 보든 말쟁이는 아닌 거 같다. 말에 대한 관심이 지대해서, 말에 대해 공부도 좀 했고, 말을 업으로 삼으며, 말에 대해 생각해보는 것을 좋아하니, 앞으로도 말에 대해 계속 말해보고 싶은 나를 정의하는 새 낱말이 필요하다. 그래서 조심스레 말러를 밀어본다. 앞은 우리말 어근이고 뒤는 외래어 변형 접미사니 그 구성이 내 직업 정체성과도 얼추 어울리는 듯하다. 꽤 흡족하다. 더구나 작곡가 말러와 중의적으로 쓰이는 영광도 누릴 수 있다. 아직 세상에 데뷔도 못해 본 말러의 말로를 논하기는 아직 이르지만, 현재 생성력이 왕성한 접미사 러의 선전에 힘입어 언젠가 세상의 빛을 보게 될지 누가 알겠는가. 이 책을 펼쳐본 여러분들처럼 말에 관심이 많은 말러 동지들이 앞으로도 많이 출현해서 말러의 말로가 긍정적이길 희망해 본다.

알아두면 쓸데 있는 신박한 언어상식
어순語順

개별 언어를 구분하는 요소 중 어휘만큼 중요한 것이 그 어휘들이 합쳐져 구성하는 구句나 문장의 구조syntax다. 같은 내용의 단어로 이루어진 구나 문장이라도 언어마다 정해진 내부 구조와 배열 순서가 다르기 때문에 전혀 다른 어순word order으로 나타난다. 예를 들어, '나는 도서관에서 책을 읽었다'라는 내용의 문장을 말한다면, 한국어에서는 보통 주어(S)-부사구(A)-목적어(O)-동사(V)의 순으로 단어를 나열하지만, 다른 언어들은 배열하는 순서가 각기 다르다. 영어와 중국어는 둘 다 기본적으로 주어-동사-목적어의 어순으로 말하는 언어이지만 좀 더 자세히 살펴보면 부사구Adverbial의 위치가 다르다는 것을 알 수 있다. 중국어는 부사구가 동사 앞에 오는 반면, 영어는 동사 뒤에 오는 것이 일반적이다. 한편, 필리핀어는 동사가 맨 앞에 나오고 다음에 주어와 목적어가 오는 흔하지 않은 어순을 갖고 있다.

〈한국어: SOV〉	나는 (S)	도서관에서 (A)	책을 (O)	읽었다 (V).
〈영어: SVO〉	I (S)	read (V)	a book (O)	in the library (A).
〈중국어: SVO〉	我 (S)	在图书馆 (A)	读了 (V)	一本书 (O)。
〈필리핀어: VSO〉	Nagbasa (V) ako (S)		ng libro (O)	sa library (A).

언어를 문장의 주요 구성 성분인 주어(S), 동사(V), 목적어(O) 사이의 순서, 즉 어순으로 구분한다면 논리적으로 다음과 같은 6가지의 가능성이 있다.

SOV, SVO, VSO, VOS, OVS, OSV

흥미롭게도 대부분의 언어는 SOV나 SVO의 어순을 따른다. 한국어나 일본어와 같은 SOV 어순을 가진 언어가 전 세계 언어의 44%를 차지하며 가장 많고, 그 다음으로 영어나 중국어와 같은 SVO 어순이 39%를 차지하며, 아일랜드나 필리핀어 같은 VSO 어순의 언어가 19% 정도를 차지한다(언어 수를 어떻게 세느냐에 따라 이 비율은 좀 차이가 나지만 순위는 마찬가지다). 나머지 VOS, OVS, OSV 어순은 매우 드물게 나타난다.

어순	언어
SOV	한국어, 일본어, 인도어(힌디어, 벵골어, 말라얄람어, 우르두어, 산스크리트어), 라틴어, 고대 그리스어, 헝가리어, 페르시아어(이란) 등
SVO	영어, 중국어, 프랑스어, 스페인어, 이탈리아어, 독일어, 네덜란드어, 러시아어, 베트남어, 태국어, 말레이어, 하우사어(나이지리아) 등
VSO	아일랜드어, 웨일스어, 필리핀어(타갈로그어), 마오리어(뉴질랜드 원주민), 투아레그어(북아프리카 사하라), 성서 히브리어, 고대 아랍어 등
VOS	알공킨족(북미 원주민), 아라와크어족(남미 원주민), 말라가시어(마다가스카르), 피지어 포함 오스트로네시아어족(태평양 중남부섬), 마야어족(와스텍, 유카텍 등 멕시코 원주민) 등
OVS	아팔레이어, 힉스카랴나어(브라질 아마존 원주민), 클링곤어(Star Trek에 나오는 외계인 언어)
OSV	와라오어(베네수엘라 원주민) 등

문장의 주요 성분 뿐만 아니라 구 내의 단어 간의 순서도 차이가 난다. 장소를 나타내는 부사구 '도서관에서'를 표현할 때, 한국어의 경우의 명사구NP '도서관'을 먼저 말하고 조사 '에서'를 나중에 말한다. 한국어나 일본어의 조사는 명사구 뒤에 둔다고 하여 후치사postposition라 부른다. 반면에, 영어의 경우에는 '에서'에 해당되는 in을 명사구 앞에 두기 때문에 전치사preposition라고 부른다. 대체로 동사가 목적어보다 앞에 나오는 VO 언어들에는 전치사가 있고, 한국어처럼 동사가 목적어 뒤에 오는 OV 언어들은 후치사를 갖고 있다. 통사구조적으로 볼 때 동사와 목적어의 관계가 조사와 명사의 관계와 기본적으로 같기 때문이다.

〈한국어〉	도서관 (NP)	에서 (P)
〈영어〉	in (P)	the library (NP)
〈중국어〉	在 (P)	图书馆 (NP)
〈필리핀어〉	sa (P)	library (NP)

이러한 구조의 차이는 수식하는 형용사구와 수식을 받는 명사 사이의 순서에도 나타난다. 한국어에서는 '내가 도서관에서 읽은 책'에서 볼 수 있듯이, 수식어구가 피수식어보다 먼저 나온다. OV 언어들은 보통 이런 순서로 말한다. 반면에, 영어와 필리핀어 같은 VO 언어들은 the book that I read in the library와 같이 수식어구가 피수식어 뒤에 나오는 것이 일반적이다. 그런데 중국어는 VO 언어인데도 불구하고 한국어처럼 수식어가 피수식어 앞에 나온다. 그래서 중국어는 어순에 관한한 다소 예외적인 언어이다.

〈한국어〉	내가 도서관에서 읽은	책
〈영어〉	the book	that I read in the library
〈중국어〉	在图书馆 读的	那本书
〈필리핀어〉	yung librong	nabasa ko sa library

위에 언급한 어순은 기본 어순을 말한 것이고, 기본 어순 이외에 다양한 어순을 허용하는 '자유 어순' 언어도 있다. 라틴어처럼 격case표지가 있는 언어들은 어순이 대체로 자유로운 편이다. 격표지 덕분에 순서가 바뀌어도 문장 성분이 혼동되지 않기 때문이다. 한국어도 그중 하나다. 한국어는 동사만 마지막에 고정시킨다면 다른 성분의 순서는 얼마든지 바꿀 수 있다. 아래 문장처럼 동사를 제외한 성분이 3개일 경우, 6가지의 어순이 모두 가능하다.

나는	도서관에서	책을	읽었다
나는	책을	도서관에서	읽었다
도서관에서	나는	책을	읽었다
도서관에서	책을	나는	읽었다
책을	나는	도서관에서	읽었다
책을	도서관에서	나는	읽었다

심지어 동사의 순서마저 움직일 수 있는 언어도 있다. 이 책에서 여러 번 언급한 세르비아-크로아티아어Serbo-Croatian는 기본 어순이 SVO인데, 동사를 포함한 모든 문장 성분의 순서를 바꿀 수 있는 완전한 자유 어순어이다.

마리아는	좋아한다	음악을
Marija	voli	muziku
Marija	muziku	voli
Voli	Marija	muziku
Voli	muziku	Marija
Muziku	Marija	voli
Muziku	voli	Marija

어순이 자유로운 언어들이라도 아무 때나 아무 어순을 사용할 수 있는 것은 아니다. 문맥에 따라, 문장의 주제나 초점이 무엇이냐에 따라 적절한 어순을 골라 쓰도록 되어 있다. 또한 어순도 세월에 따라 변할 수 있다. 영어는 고대영어 시절에는 뚜렷한 격표지가 있었고 따라서 어순도 상당히 자유로웠다. 그러나 중세를 거치며 격표지가 사라지면서 현대에는 어순이 굳어진 언어가 된 것이다. 어휘만큼 변화무쌍하진 않아도 문법도 변화를 비껴가진 못한다.

참고문헌

구본관, 박재연, 이선웅, 이진호, 황선엽. 『한국어 문법 총론 I』. 집문당, 2015.

구본관, 박재연, 이선웅, 이진호. 『한국어 문법 총론 II』. 집문당, 2016.

국립국어원. 『외국인을 위한 한국어 문법 1, 2』. 커뮤니케이션북스, 2005.

김기현. 『자연어 처리 딥러닝 캠프: 딥러닝 기반의 자연어 처리 기초부터 심화까지』. 한빛미디어,
　　2019.

김난도 외. 『트랜드 코리아 2018』. 미래의 창, 2017.

김석연. 훈민정음의 음성과학적, 생성적 보편성에 대하여. 『교육한글』 10(1997): 181-208.

김창섭. 경동사 '하다'의 두 가지 보어: '하다'-어근구와 '하다'-명사구. 『관악어문연구』 27(2002):
　　149-186.

노마 히데키. 『한글의 탄생: 문자라는 기적』. 김진아, 김기연, 박수진(역). 돌베개, 2010.

박장원. 『훈민정음, 소리를 그리다』. 신아출판사, 2018.

박창원. 『훈민정음』. 신구문화사, 2005.

신지영. 『한국어 문법여행』. 미다스북스, 2015.

오은진. 『외국어 음성 체계』. 한국문화사, 2015.

이건명. 『인공지능: 튜링 테스트에서 딥러닝까지』. 생능출판, 2018.

장지수. 『딥러닝에 목마른 사람들을 위한 PyTorch』. 비제이퍼블릭, 2019.

Baugh, Albert C. and Thomas Cable. *A History of the English Language* (6th Ed.).
　　Routledge, 2013.

Brown, Lucien, and Jaehoon Yeon (Eds.). *The Handbook of Korean Linguistics*. Wiley
Blackwell, 2015.

Clark, Herbert H. *Using Language*. Cambridge University Press, 1996.

Cook, Vivian, Ben Bassetti, and Jyotsana Vaid. The Writing System at Play. *Writing Systems
Research 4.2*: 120–121, 2012.

Crystal, David. *Language Play*. University of Chicago Press, 1998.

Crystal, David. *Language and the Internet* (2nd ed.). Cambridge University Press, 2006.

Crystal, David. *Txtng: the gr8 db8*. Oxford University Press, 2008.

Crystal, David. *A Little Book of Language*. Yale University Press, 2010.

Danet, Barbara and Susan Herring C. (Eds.). *The Multilingual Internet: Language, Culture,
and Communication Online*. Oxford University Press, 2007.

Davies, William D. and Stanley Dubinsky. *Language Conflict and Language Rights*.
Cambridge University Press, 2018.

Dawson, Hope C. and Michael Phelan (Eds.). *Language Files: Materials for an Introduction
to Language and Linguistics* (11th Ed.). Bookman Books, 2016.

Deutscher, Guy. Through the Language Glass: Why the World Looks Different in Other
Languages. Picador, 2010.

Ethnologue: Languages of the World. SIL International. ethnologue.com

Fasold, Ralph W. and Jeff Connor-Linton (Eds.). *An Introduction to Language and
Linguistics*. Cambridge University Press, 2006.

Fromkin, Victoria, Robert Todman, Nina Hyams. *An Introduction to Language*. Cengage
Learning, 2020.

Gladwell, Malcolm. *Outliers: The Story of Success*. Little, Brown and Company, 2008.

Hayes, Bruce. *Introductory Phonology*. Wiley Blackwell, 2009.

Herring, Susan C. Computer-Mediated Conversation: Introduction and Overview.
Language@Internet 7, 2010.

Huizinga, Johan. *Homo Ludens: A Study of the Play Element in Culture*. Beacon, 1955.

Johnstone, Barbara. *Discourse Analysis* (3rd Ed.). Wiley Blackwell, 2018.

Jurafsky, Dan. *The Language of Food: A Linguist Reads the Men*u. Norton, 2015.

Ladefoged, Peter and Keith Johnson. *A Course in Phonetics* (7th Ed.) Cengage Learning, 2015.

McWhorter, John. *The Power of Babel: A Natrual History of Language*. Perennial, 2003.

McWhorter, John. *Words on the Move*. Picador, 2016.

Munat, Judith. (Ed.). *Lexical Creativity, Texts and Contexts*. John Benjamins, 2007.

Pinker, Steven. *Language Instinct: How the Mind Creates Language*. Harper Collins, 1994.

Pinker, Steven. *The Blank Slate: The Modern Denial of Human Nature*. Penguin, 2002.

Rao, Delip and Brian McMahan. *Natural Language Processing with PyTorch: Build Intelligent Language Applications Using Deep learning*. O'Reilly, 2019.

Robinson, Andrew. *Writing and Script: A Very Short Introduction*, Oxford University Press, 2009.

Rogers, Henry. *Writing Systems: A Linguistic Approach*. Wiley Blackwell, 2005.

Sang hun, Choe. "South Korea's Latest Export: Its Alphabet." *The New York Times*, 11 Sep 2009. https://www.nytimes.com/2009/09/12/world/asia/12script.html

Sohn, Ho-Min. *The Korean language*. Cambridge University Press, 1999.

Subramanian, Vishnu. *Deep Learning with PyTorch: A Practical Approach to Building Neural Network Models Using PyTorch*. Packt, 2018.

Tagg, Caroline. Exploring Digital Communication: Language in Action. ROutledge, 2015.

Taylor, Insup. The Korean Writing System: An Alphabet? A Syllabary? A Logography? In P. A. Kolers, et al. (Eds.), *Processing of Visible Language* (67–82). Plenum Press, 1980.

휴랭 머랭

우리시대 언어 이야기

초판 1쇄 발행 2022년 5월 10일

지은이 최혜원

펴낸이 박선영
디자인 이다혜
교정·교열 김수영
마케팅 이경희
제작 제이오

펴낸 곳 의미와 재미
출판신고 2019년 1월 30일 제2019-000034호
주소 서울특별시 서초구 방배천로18길 11, 106-1704
전화 02-6015-8381
팩스 02-6015-8380
이메일 book@meannfun.com
홈페이지 www.meannfun.com

ⓒ최혜원, 2022

ISBN 979-11-972582-8-2(03700)